읽고 싶은 신문을 읽고
016쪽의 **'똑똑! 초등신문 완독표'**에
스티커를 붙여 보세요.

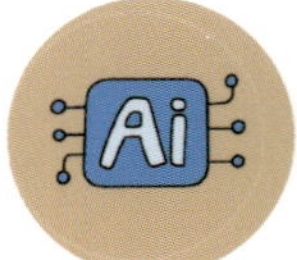

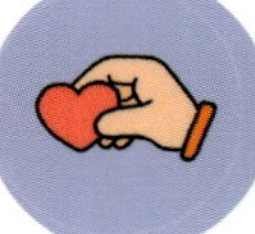

전기현 글
무르무르 그림

다락원

"선생님! 신문이 이렇게 재미있는 건지 몰랐어요!"
"어휘의 뜻을 알고 신문을 읽으니, 이전보다 이해가 훨씬 잘돼요!"

교실에서 직접 신문을 활용해 아이들을 가르치다 보면
아이들 하나하나의 성장을 발견할 때가 참 많습니다.
처음엔 신문을 그저 딱딱한 이야기처럼 생각했던 아이들도
신문과 함께할수록 눈빛을 반짝이며 신문과 하나 되는 모습을 보여 주었답니다.
신문 읽기를 놀이처럼 즐기고, 익힌 어휘로 자기 생각을 명확히 나타내는
아이들까지 나타나기 시작했지요.
무엇보다 교과 공부의 기초인 어휘력이 향상되어
수업에 자신 있게 참여하는 아이들도 늘어났어요.

"선생님! 푸바오는 왜 중국으로 돌아갔어요?"
"한밤중에 계엄 사태가 왜 일어났던 거예요?"

신문 활용 교육을 하며 이처럼 호기심 어린 질문들을 많이 듣곤 해요.
단순히 이야기를 받아들이는 것이 아닌,
저마다의 호기심으로 세상을 탐구하려는 모습이 예쁘게 빛나곤 하지요.

신문은 정말 많은 장점이 있어요.
무엇보다 따끈따끈한 최신 이슈를 다루어 큰 재미를 준답니다.
교과서에 미처 담지 못한 이야기, 가슴을 두근거리게 하는 우리 삶의 이야기 등
여러 흥미로운 이야기들이 신문 속엔 가득해요.

또 탄탄한 배경지식을 만들어 준다는 장점도 있어요.

신문을 읽으며 아이들은 여러 분야의 상식을 쌓아 가고
어느새 상식왕이 되어 가는 스스로를 발견하게 돼요.
그리고 그 배경지식으로 자신의 의견을 나타내고
다른 사람의 의견을 이해하는 소통의 힘까지 길러 가지요.

**이 책과 함께라면 기사 하나하나를 읽을 때마다 어휘력이 쌓여
글 읽는 힘이 쑥쑥 자라날 거랍니다.**

특히 신문 기사 속 시사 용어, 속담, 성어를 익히며 어휘력과 문해력은 물론
다양하게 어휘를 사용하는 응용력까지 키워질 거예요.
시사적 이해를 바탕으로 맥락을 짚고 생각을 간결하게 표현하는 힘까지도
향상될 거랍니다.

**신문은 어휘력과 문해력은 물론 비판적 사고력과 논리적 사고력, 글 쓰는 힘까지
기를 수 있는 가장 '똑똑'한 친구예요.**

신문 읽기를 통해 더 멀리 그리고 더 깊이
세상을 바라볼 힘을 얻을 수 있을 거예요.
그럼 이제 신나고 재미있는 신문 여행을 떠나 볼까요?
우리 아이들의 빛나는 성장의 여행, 힘차게 응원할게요!

전기현 선생님 ▶

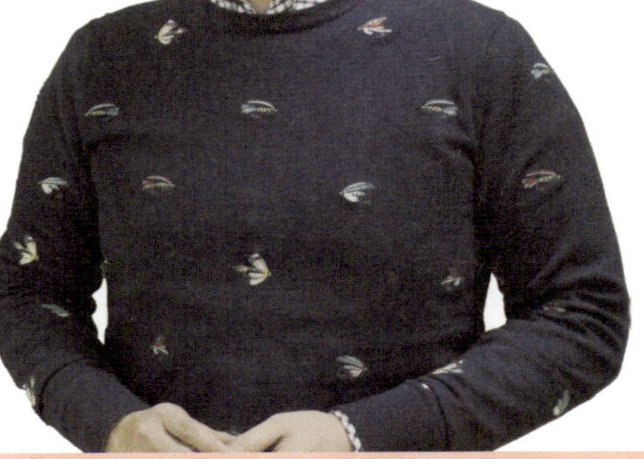

주제별 신문 읽기

초등학생들의 눈높이에 맞춘 사회, 과학, 세계, 환경, 감동, 윤리, 예술의 기사를 엄선했어요! 다양하고 흥미로운 기사가 와르르!

사회

사회 3학년 2학기 1단원 '사회 변화와 다양한 문화'

아이들이 뛰노는 학교가 점점 사라진다!

운동장에서 뛰어노는 아이들의 소리로 가득해야 할 초등학교에 적막한 고요함이 흐르고 있었어요. 더 이상 학생들이 없는 학교는 허전함만이 느껴질 뿐이었죠. 2025년 2월 기준, 새 학기가 시작되기 전 전국에서 폐교가 이루어진 학교는 모두 49곳이에요. 그중 초등학교는 38곳으로, 전남 10곳, 충남 9곳, 강원 7곳 등 여러 지역에 걸쳐 폐교가 많이 이루어졌어요. 폐교가 아니더라도 입학생이 단 1명조차 없었던 곳도 총 112곳이나 되었답니다.

그동안 전국에 폐교된 초·중·고등학교 수를 합하면 무려 4,000여 곳에 달해요. 지역의 역사이자 *상징이기도 한 학교가 폐교되어 아예 사라져 버린 것이죠. 이러한 현상이 나타나는 주된 원인은 저출산으로 인한 *학령 인구의 감소예요. 우리나라는 2025년 기준, *출산율이 약 0.7명으로 세계에서 가장 낮은 상황이에요. 우리 사회의 미래를 위해서 하루빨리 개선되어야 할 문제라 할 수 있지요.

그런데 이러한 폐교 현상은 오늘날 농촌과 어촌, 산지촌뿐 아니라 인구가 많은 도시에서도 찾아볼 수 있어요. 가장 큰 도시인 서울에서도 2020년 2곳, 2023년 1곳, 2024년 3곳의 학교가 폐교되었답니다. 부산광역시와 대구광역시에서도 2025년 각각 2곳, 1곳이 폐교되었지요. 그렇다면 인구가 많은 도시에서의 폐교 원인은 무엇일까요? 그 원인은 비단 저출산 하나만은 아니에요. 더 저렴한 집값, 더 나은 교육 환경을 찾아 이동하고자 하는 욕구 등이 더해져 학생 수 감소로 폐교되는 경우도 있답니다.

더 궁금하다면?

- 상징(모양 상象, 밝힐 징徵): 막연하고 일반적인 개념 등을 구체적인 사물로 그 의미를 밝혀 나타냄.
- 학령(배울 학學, 나이 령齡): 초등학교에 들어가야 할 나이.
- 출산율(날 출出, 낳을 산産, 비율 율率): 여성 1명이 평생 낳을 것으로 예상되는 평균 출생아의 비율.

(084)　이 기사가 마음에 든 만큼 '엄지척'을 색칠해 주세요!

TIP! 이렇게 활용해 주세요!

예상하기 신문 기사의 제목과 사진, 굵게 표시된 어휘 등을 보고 '어떤 내용일까?' 추측해 보세요.

기사 읽기 각 문단의 중심 문장을 바탕으로 신문 내용을 파악해요. 이때 주요 어휘에 밑줄을 그으며 읽어 주세요. 글이 담고 있는 핵심 내용과 구조를 파악할 때 큰 도움이 된답니다!

더 나아가기 신문에서 쓰인 낱말 풀이와 QR코드로 더욱 깊은 탐구를 할 수 있어요!

느낌 표현하기 기사를 읽고 드는 내 느낌을 표현해 봐요!

신문으로 어휘력 다지기

신문 기사 속 주요 어휘의 뜻을 한자로 쉽게 이해하고, 단어 퀴즈를 통해 어휘력과 문장 이해력을 골고루 다져요!

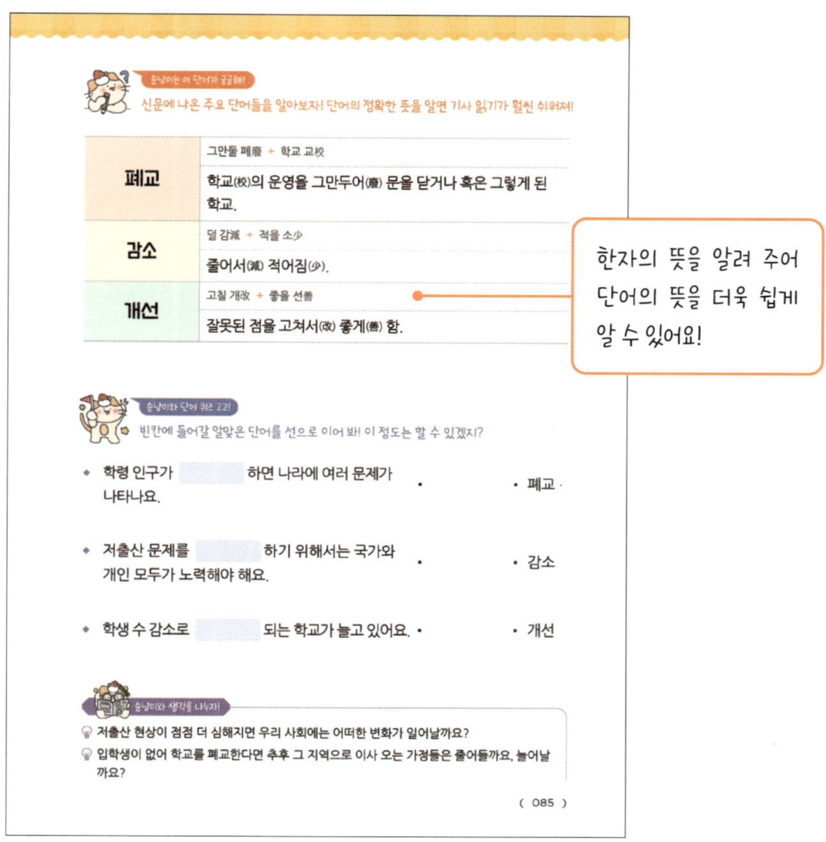

순남이는 이 단어가 궁금해!

신문에 나온 주요 단어들을 알아보자! 단어의 정확한 뜻을 알면 기사 읽기가 훨씬 쉬워져!

폐교	그만둘 폐廢 + 학교 교校 학교(校)의 운영을 그만두어(廢) 문을 닫거나 혹은 그렇게 된 학교.
감소	덜 감減 + 적을 소少 줄어서(減) 적어짐(少).
개선	고칠 개改 + 좋을 선善 잘못된 점을 고쳐서(改) 좋게(善) 함.

순남이와 단어 퀴즈 고고!

빈칸에 들어갈 알맞은 단어를 선으로 이어 봐! 이 정도는 할 수 있겠지?

- 학령 인구가 ______ 하면 나라에 여러 문제가 나타나요. • • 폐교
- 저출산 문제를 ______ 하기 위해서는 국가와 개인 모두가 노력해야 해요. • • 감소
- 학생 수 감소로 ______ 되는 학교가 늘고 있어요. • • 개선

순남이와 생각을 나누자!

- 저출산 현상이 점점 더 심해지면 우리 사회에는 어떠한 변화가 일어날까요?
- 입학생이 없어 학교를 폐교한다면 추후 그 지역으로 이사 오는 가정들은 줄어들까요, 늘어날까요?

(085)

한자의 뜻을 알려 주어 단어의 뜻을 더욱 쉽게 알 수 있어요!

TIP! 이렇게 활용해 주세요!

어휘 익히기 신문 기사 속 주요 어휘를 속뜻 풀이로 공부해요. 단어 속 숨어 있는 한자로 정확하게 단어의 뜻을 익히면 뿌리를 이해하여 온전히 기억하고 활용할 수 있어요!

어휘 점검하기 '빈칸 채우기'와 '짝 연결하기'로 주요 어휘가 포함된 문장을 완성해요. 완성된 문장을 읽어 보며 어휘력과 문장 이해력을 다져 보아요!

깊이 생각하기 생각거리를 통해 신문 기사를 더 깊이 생각해 보고 더 멀리 내다보는 시각을 가질 수 있어요!

✖ 신문으로 어휘력 확장하기

신문 기사 주제와 관련 있는 '성어', '속담', '시사 용어'의 정확한 뜻과 유래를 살펴보며 어휘력을 확장해 보아요. 배경지식을 쌓고 상식을 늘리는 것은 함께 얻는 덤!

순남이와 함께 배우는 오늘의 어휘력!

시사 용어 저출산	낮을 저低 + 낳을 출出 + 낳을 산産
	아기를 적게(低) 낳는(出=産) 현상.
	예 저출산이 계속되면 학생 수가 줄어들고 일할 수 있는 사람의 수도 줄어들 것이다.

저출산이란?

오늘날 우리나라의 출산율은 평균 출생아 수가 1명이 채 안 되는 약 0.7명으로, 가까운 일본이 약 1.2명 이상인 것과 비교해도 무척 낮은 편이에요. 이러한 현상이 문제가 되는 이유는 경제 활동을 이끌 인구가 줄어들어 여러 사회적 문제가 생기기 때문이에요. 경제 활동 인구 1명이 부담해야 할 세금이 늘어나 삶의 질뿐만 아니라 우리나라 사회 발전에도 나쁜 영향을 줄 수 있지요. 또 일할 사람이 부족해져 여러 지역이 활력을 잃고 기업도 곤란을 겪을 수 있어요. 정부는 현재 이러한 문제를 해결하기 위해 출산과 육아를 돕는 다양한 지원을 하고 있어요. 하지만 결혼과 육아를 기피하는 사회 분위기가 이어지고 있어, 빠른 시일 내 출산율을 높이는 것은 어려울 것으로 예상돼요. 아이를 낳고 기르는 것에 더욱 친근한 분위기가 될 수 있도록 사회 전체의 노력이 필요한 상황이랍니다.

순남이와 쓱싹쓱싹 쓰다 보면 어휘력 급상승!

'저출산'이 들어간 문장을 또박또박 바르게 따라 써 봐. 손에도 익고 입에도 착 붙을 거야!

저출산을 극복하려면 사회 전체의 노력이 필요해요.

(086)

원고지에 또박또박 바른 글씨를 연습하며 어휘력을 향상시킬 수 있어요.

TIP! 이렇게 활용해 주세요!

어휘력 확장하기 신문 기사에서 만난 중요한 성어, 속담, 시사 용어의 정확한 뜻과 유래를 알아보아요. 다양한 상황에서 활용할 수 있는 성어, 속담, 시사 용어를 익힘으로써 어휘력은 물론 배경지식과 표현력까지 기를 수 있어요!

문장력 다지기 바른 글씨로 성어, 속담, 시사 용어가 활용된 문장을 써 보세요. 학습 상황뿐만 아니라 실생활에서도 활용할 수 있는 문장 구성력이 자라날 거예요!

✻ 어휘력과 함께 문해력 강화하기

신문 기사의 내용을 퀴즈로 풀어 보고, 기사의 흐름과 구조를 논리적으로 파악해 보아요.
신문 기사를 한 문장으로 간추려 보며 글의 내용을 이해하는 문해력도 함께 길러 보아요!

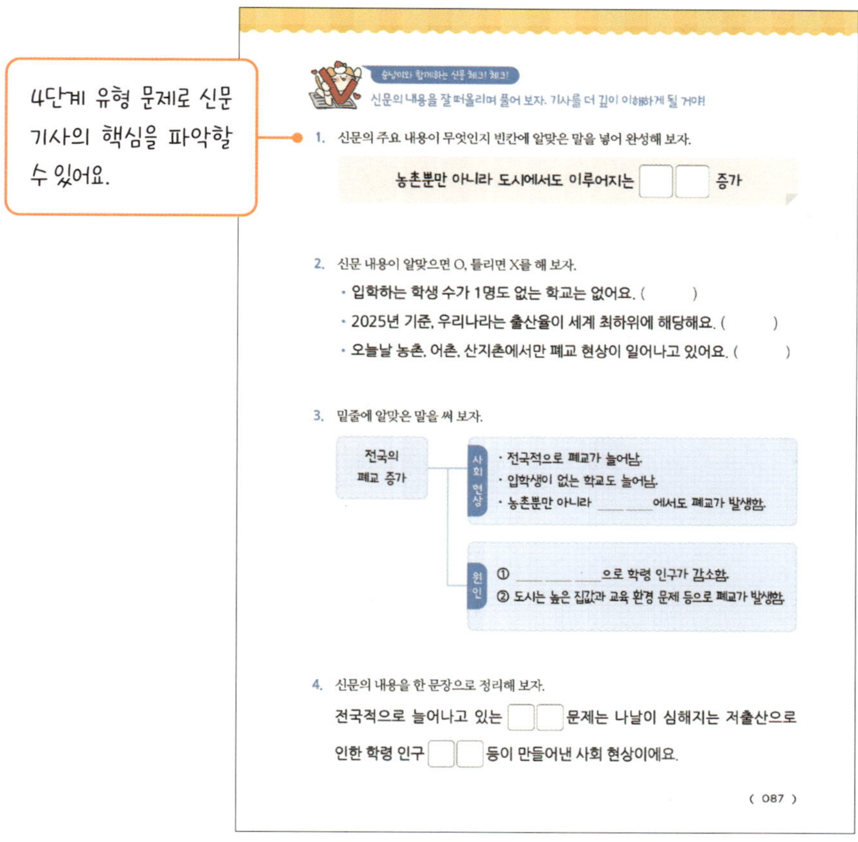

4단계 유형 문제로 신문 기사의 핵심을 파악할 수 있어요.

초딩이와 함께하는 신문 체크! 체크!

신문의 내용을 잘 떠올리며 풀어 보자. 기사를 더 깊이 이해하게 될 거야!

1. 신문의 주요 내용이 무엇인지 빈칸에 알맞은 말을 넣어 완성해 보자.

농촌뿐만 아니라 도시에서도 이루어지는 □□ 증가

2. 신문 내용이 알맞으면 O, 틀리면 X를 해 보자.

- 입학하는 학생 수가 1명도 없는 학교는 없어요. (　　)
- 2025년 기준, 우리나라는 출산율이 세계 최하위에 해당해요. (　　)
- 오늘날 농촌, 어촌, 산지촌에서만 폐교 현상이 일어나고 있어요. (　　)

3. 밑줄에 알맞은 말을 써 보자.

전국의 폐교 증가

사회 현상
- 전국적으로 폐교가 늘어남.
- 입학생이 없는 학교도 늘어남.
- 농촌뿐만 아니라 ____ 에서도 폐교가 발생함.

원인
① ______ 으로 학령 인구가 감소함.
② 도시는 높은 집값과 교육 환경 문제 등으로 폐교가 발생함.

4. 신문의 내용을 한 문장으로 정리해 보자.

전국적으로 늘어나고 있는 □□ 문제는 나날이 심해지는 저출산으로 인한 학령 인구 □□ 등이 만들어낸 사회 현상이에요.

(087)

TIP! 이렇게 활용해 주세요!

핵심 단어 찾기 빈칸에 핵심 단어를 넣어 신문의 주요 내용을 완성해 보세요.

이해도 점검하기 OX 퀴즈로 신문 내용을 확인해 보세요! 내용을 이해한 만큼 자신감도 뿜뿜!

내용 구조 확인하기 구조화를 통해 신문 내용을 논리적으로 파악해 보세요. 글의 뼈대를 잡는 구성력까지 기를 수 있어요!

한 문장으로 정리하기 빈칸을 채우며 신문의 내용을 한 문장으로 간추려 보세요. 글의 핵심을 파악하는 문해력이 쑥쑥 자라나요!

✖ 내 생각 똑똑하게 주장하기

뜨감이와 고구미의 찬반 토론을 통해 신문 주제에 대한 다양한 의견이 있음을 이해하고 내 생각을 정리하여 똑똑하게 제시할 수 있어요.

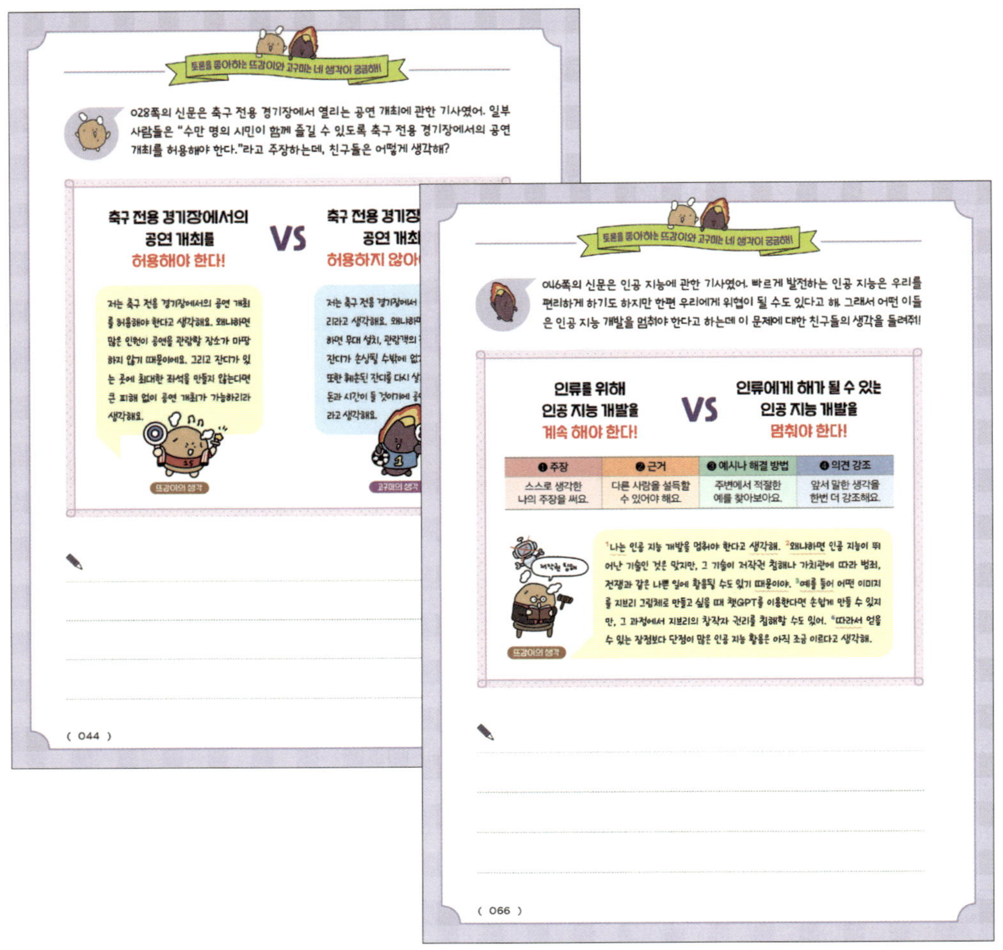

토론을 좋아하는 뜨감이와 고구미는 네 생각이 궁금해!

028쪽의 신문은 축구 전용 경기장에서 열리는 공연 개최에 관한 기사였어. 일부 사람들은 "수만 명의 시민이 함께 즐길 수 있도록 축구 전용 경기장에서의 공연 개최를 허용해야 한다."라고 주장하는데, 친구들은 어떻게 생각해?

축구 전용 경기장에서의 공연 개최를 **허용해야 한다!** VS 축구 전용 경기장 공연 개최 허용하지 않아

저는 축구 전용 경기장에서의 공연 개최를 허용해야 한다고 생각해요. 왜냐하면 많은 인원이 공연을 관람할 장소가 마땅하지 않기 때문이에요. 그리고 잔디가 있는 곳에 최대한 좌석을 만들지 않는다면 큰 피해 없이 공연 개최가 가능하리라 생각해요.

뜨감이의 생각

(044)

토론을 좋아하는 뜨감이와 고구미는 네 생각이 궁금해!

046쪽의 신문은 인공 지능에 관한 기사였어. 빠르게 발전하는 인공 지능은 우리를 편리하게 하기도 하지만 한편 우리에게 위협이 될 수도 있다고 해. 그래서 어떤 이들은 인공 지능 개발을 멈춰야 한다고 하는데 이 문제에 대한 친구들의 생각을 들려줘!

인류를 위해 인공 지능 개발을 **계속 해야 한다!** VS 인류에게 해가 될 수 있는 인공 지능 개발을 **멈춰야 한다!**

❶ 주장	❷ 근거	❸ 예시나 해결 방법	❹ 의견 강조
스스로 생각한 나의 주장을 써요.	다른 사람을 설득할 수 있어야 해요.	주변에서 적절한 예를 찾아보아요.	앞서 말한 생각을 한번 더 강조해요.

[1]나는 인공 지능 개발을 멈춰야 한다고 생각해. [2]왜냐하면 인공 지능이 뛰어난 기술인 것은 맞지만, 그 기술이 저작권 침해나 가치관에 따라 범죄, 전쟁과 같은 나쁜 일에 활용될 수도 있기 때문이야. [3]예를 들어 어떤 이미지를 지브리 그림체로 만들고 싶을 때 챗GPT를 이용한다면 손쉽게 만들 수 있지만, 그 과정에서 지브리의 창작자 권리를 침해할 수도 있어. [4]따라서 얻을 수 있는 장점보다 단점이 많은 인공 지능 활용은 아직 조금 이르다고 생각해.

뜨감이의 생각

(066)

TIP! 이렇게 활용해 주세요!

찬반 토론하기 신문에서 다룬 주제에 대해 찬반 토론을 해 보세요. 주제에 대한 다양한 의견을 살피며 생각을 정리하면 훨씬 논리적으로 내 주장을 펼칠 수 있어요.

4단계 논술 쓰기 ❶주장, ❷근거, ❸예시나 해결 방법, ❹의견 강조의 순서대로 글을 써 논리적인 글쓰기를 연습할 수 있어요. 또한 뜨감이의 예시글을 읽고 잠시 내 생각을 정리하면 훨씬 더 쉽게 내 생각을 글로 풀어낼 수 있답니다.

내 생각 자유롭게 표현하기

방울이와 함께 창의적인 활동을 하여 신문의 내용을 더 확장해 다양한 생각을 표현할 수 있어요. 또한 편지 쓰기, 안내문 쓰기, 인터뷰 상상하기 등 다양한 글쓰기 활동도 할 수 있어요.

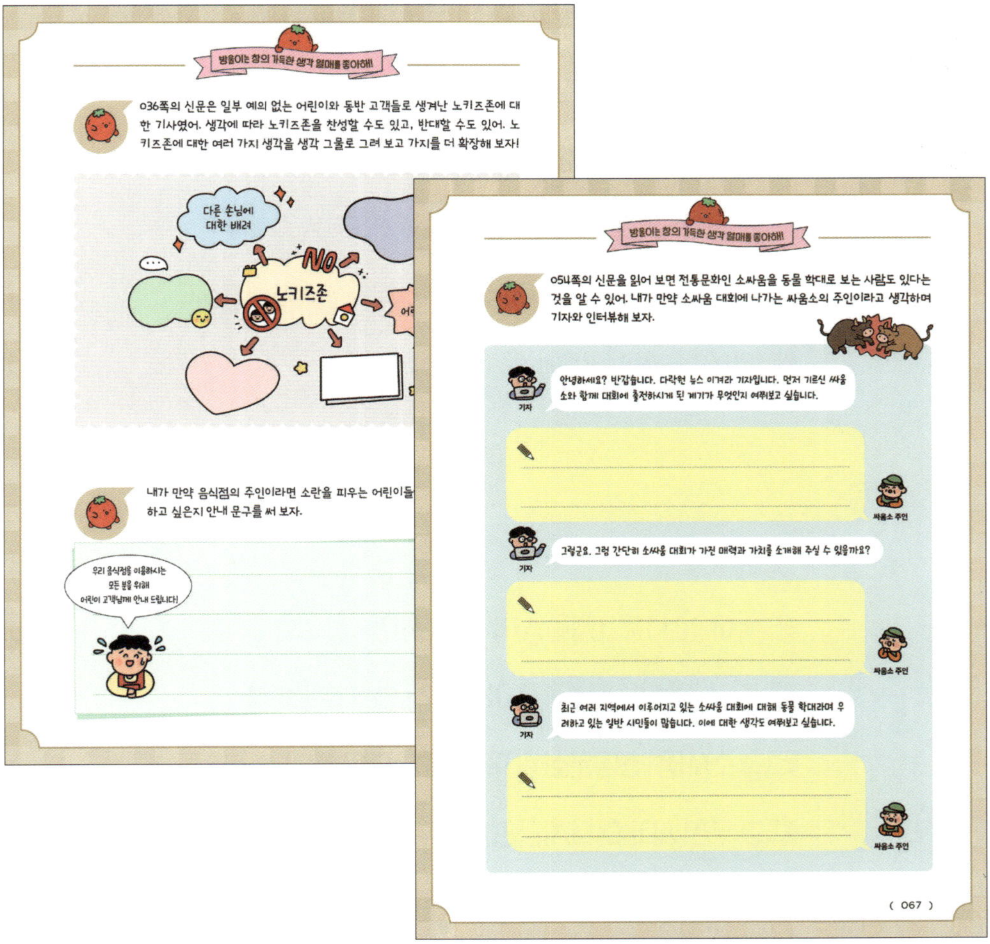

방울이는 창의 가득한 생각 열매를 좋아해!

036쪽의 신문은 일부 예의 없는 어린이와 동반 고객들로 생겨난 노키즈존에 대한 기사였어. 생각에 따라 노키즈존을 찬성할 수도 있고, 반대할 수도 있어. 노키즈존에 대한 여러 가지 생각을 생각 그물로 그려 보고 가지를 더 확장해 보자!

다른 손님에 대한 배려

NO

노키즈존

내가 만약 음식점의 주인이라면 소란을 피우는 어린이들

하고 싶은지 안내 문구를 써 보자.

우리 음식점을 이용하시는 모든 분을 위해 어린이 고객님께 안내 드립니다!

방울이는 창의 가득한 생각 열매를 좋아해!

054쪽의 신문을 읽어 보면 전통문화인 소싸움을 동물 학대로 보는 사람도 있다는 것을 알 수 있어. 내가 만약 소싸움 대회에 나가는 싸움소의 주인이라고 생각하며 기자와 인터뷰해 보자.

기자: 안녕하세요? 반갑습니다. 다락원 뉴스 이겨라 기자입니다. 먼저 기르신 싸움소와 함께 대회에 출전하시게 된 계기가 무엇인지 여쭤보고 싶습니다.

싸움소 주인

기자: 그렇군요. 그럼 간단히 소싸움 대회가 가진 매력과 가치를 소개해 주실 수 있을까요?

싸움소 주인

기자: 최근 여러 지역에서 이루어지고 있는 소싸움 대회에 대해 동물 학대라며 우려하고 있는 일반 시민들이 많습니다. 이에 대한 생각도 여쭤보고 싶습니다.

싸움소 주인

(067)

TIP! 이렇게 활용해 주세요!

창의적 활동하기 신문 주제와 관련된 창의적이고 재미있는 활동을 직접 해 보며 생각의 폭을 넓히고 신문이 실생활과 어떻게 연결되는지 느낄 수 있어요.

다양한 글쓰기 다양한 글쓰기를 통해 신문 주제를 확장하여 내 생각을 자유롭게 표현할 수 있어요. 딱딱한 글쓰기가 아니라 생생하고 재미있는 글쓰기 활동을 할 수 있답니다.

PART 1
순한맛 기사

PART 2

매운맛
기사

함께 신문 읽어요!

<똑똑 초등신문 어휘력 스터디>를 함께 이끌어갈 친구들이에요!
세상 돌아가는 이야기를 좋아하고 신문을 좋아하는 친구들과 함께 재미있게 신문을 읽어 봐요!
자, 그럼 친구들을 소개할게요!

순냥이

달콤하고 순한맛을 좋아하는 고양이야!
그래서 달달한 소식을 좀 더 좋아하지!
우리 주변에서 일어나는 순한맛 소식은
순냥이가 잘 아니까 순냥이와 함께 신문을 읽어 보자!

핫독이

매콤하고 얼얼한 맛을 좋아하는 강아지야!
머리가 띵하고 화끈화끈한 소식을 좋아해!
깜짝 놀랄 만한 매운맛 소식은
핫독이와 함께 알아보자고!

뜨감이

뜨끈뜨끈한 논란과 화끈한 토론을 좋아하는 뜨거운 감자예요!

고구미

논리에서만큼은 지고 싶지 않은 열정 가득한 불타는 고구마예요!

방울이

기발한 생각을 들으면 얼굴이 점점 빨개지는 방울토마토예요!

더 큰 세상을 만나고

더 똑똑해지는

신문 읽기 비법!

첫째! 요일을 정해 꾸준히 신문을 읽어요.

둘째! 모르는 말은 사전에서 찾아봐요.

셋째! 더 궁금하면 부모님과 함께 뉴스를 찾아봐요!

넷째! 기사를 읽고 부모님께 내 생각을 말해 보며 똑똑함을 자랑해요!

이 네 가지를 꼭 지킬 수 있는 사람은

바로 나, ______________________!

똑똑! 초등신문 완독표

순한맛 기사

기사	쪽	날짜
어린이 공놀이	020쪽	___월 ___일
따뜻한 선행	024쪽	___월 ___일
축구 전용 경기장	028쪽	___월 ___일
AI 그림	046쪽	___월 ___일
SNS 유행 음식	050쪽	___월 ___일
소싸움	054쪽	___월 ___일
문해력 위기	058쪽	___월 ___일
요일제 공휴일	076쪽	___월 ___일
러닝 크루	080쪽	___월 ___일
폐교 현상	084쪽	___월 ___일
활동	088쪽~089쪽	___월 ___일
노벨문학상	106쪽	___월 ___일
활동	110쪽~111쪽	___월 ___일

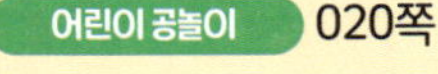
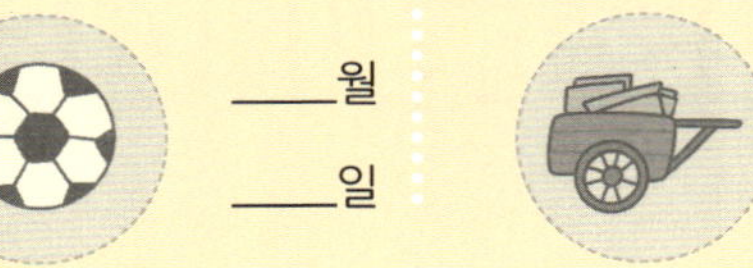

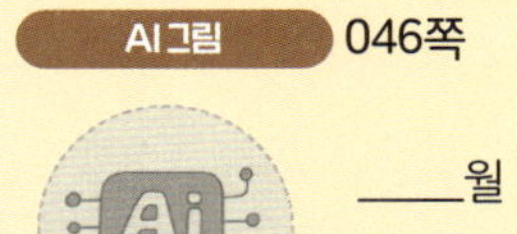
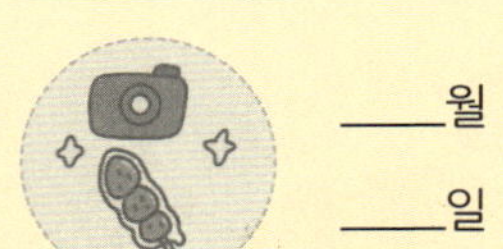

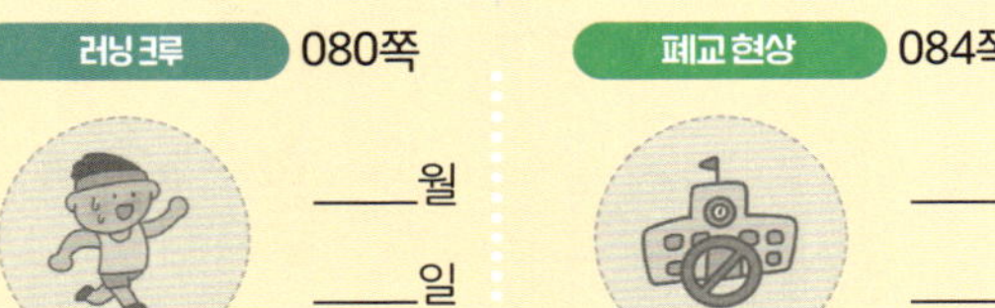
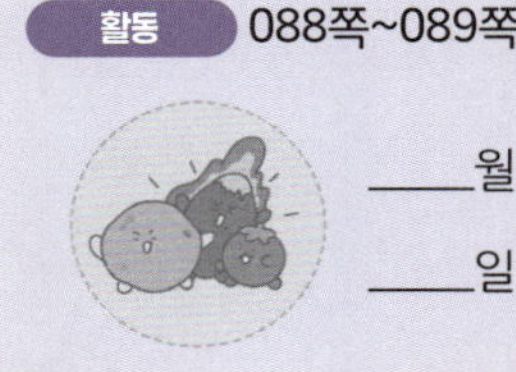

매운맛 기사

기사	쪽	날짜
최저학력제	114쪽	___월 ___일
비상계엄	134쪽	___월 ___일
활동	138쪽~139쪽	___월 ___일
기억 기능	140쪽	___월 ___일
포장 수수료	144쪽	___월 ___일
활동	164쪽~165쪽	___월 ___일
심해 광물 채굴	166쪽	___월 ___일
공정 무역	170쪽	___월 ___일
기부	174쪽	___월 ___일

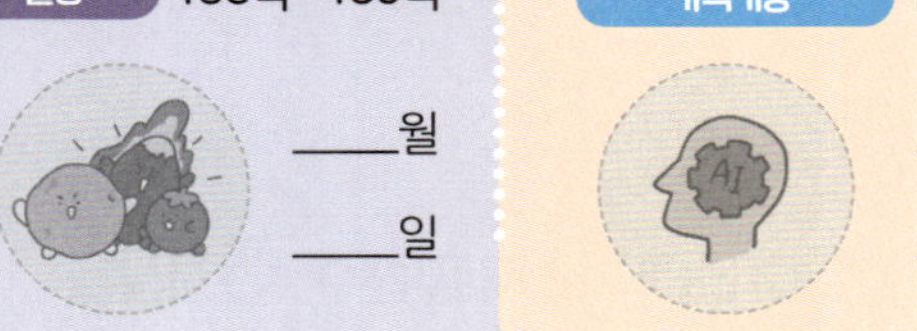

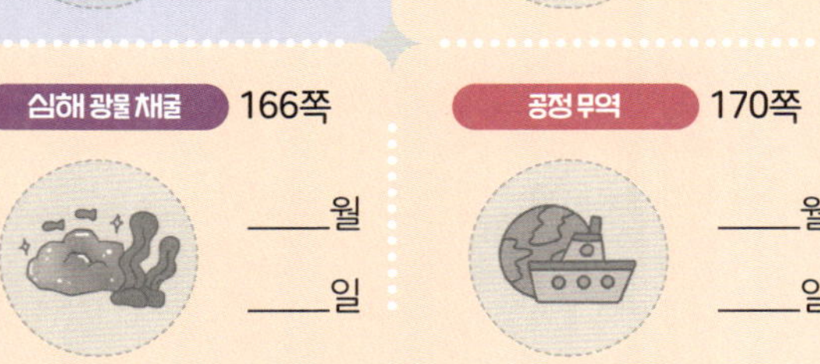
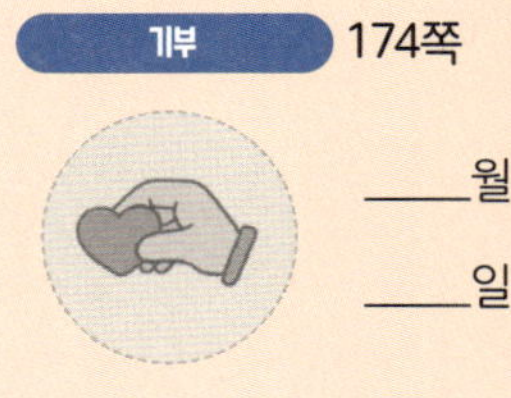

세상 곳곳의 흥미로운 기사들이 여러분을 기다리고 있어요. 이 책에는 총 39개의 신문이 들어 있어요. 읽고 싶은 키워드(주제)의 신문을 골라 보세요! 신문을 다 읽었다면 읽은 날짜를 쓰고 스스로를 칭찬하며 스티커도 붙여 보세요! 어느새 신문 보는 습관과 함께 신문을 재미있어하는 나를 발견할 거예요!

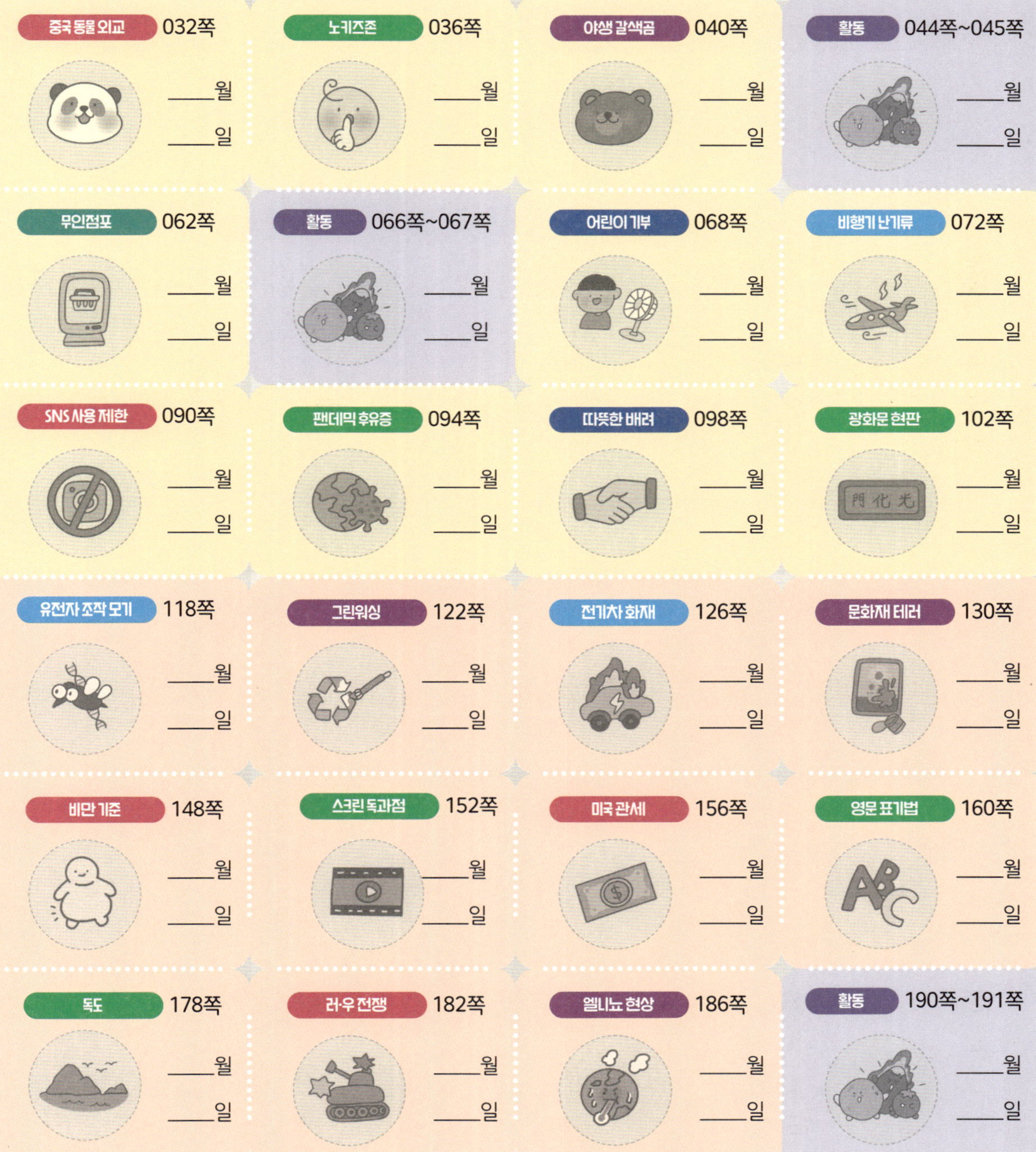

‘순한맛 기사’는 우리 일상에서 흔히 접하는 소식들을 준비했어. 재미있는 공놀이에 관한 기사부터 달콤새콤한 탕후루에 대한 기사, 마음마저 따뜻해지는 감동적인 기사까지! 우리 주변에서 일어나는 재미나고 유익한 여러 소식들이 많이 준비되어 있지. 그럼 우리 함께 순한맛 기사들을 맛보러 떠나 볼까?

PART 1
순한맛 기사

어린이 여러분, 공놀이는 이제 노노!

어린이들이 마음껏 뛰어놀 수 있는 어린이 공원, 그 수는 얼마나 될까요? 한국국토정보공사의 자료에 따르면 전국 어린이 공원의 수는 약 10,000곳이라고 해요. 0~14세까지의 ***유소년** 인구가 약 570만 명이니 유소년 인구 약 570명당 공원 1곳이 있는 셈이에요.

▲ 어린이 공원에 걸린 공놀이 자제 현수막

그런데 최근 서울의 한 어린이 공원에 걸린 현수막이 사람들에게 크나큰 놀라움을 주었어요. 바로 '어린이 공원 **소음** 발생 ***자제**'의 내용이 적힌 현수막이었어요. 어린이들이 신나게 놀도록 만들어진 공원에서 공놀이를 자제해 달라는 내용이었기에 많은 사람이 놀랐답니다. 이 현수막이 걸린 이유는 다름 아닌 공이 튀길 때 나는 소음 문제와 세게 날아오는 공으로 생길 수 있는 안전 문제 때문이었어요. 그래서 어린이 공원임에도 불구하고 공놀이를 멈춰 달라는 현수막이 붙었던 것이에요.

그러나 이러한 주장이 도가 지나치다는 목소리도 있어요. 가뜩이나 수가 줄어드는 어린이를 위해 공원이나 활동 프로그램을 새로 만드는 것이 아니라, 오히려 낮에 공놀이를 자제하라는 요구는 한쪽에 너무 치우친 입장이라는 것이지요. 밝은 낮에 어린이들이 즐겁게 공을 가지고 노는 소리를 소음으로만 여기는 일부 ***이기적**인 생각에 어린이들이 눈치를 보아야 하는 상황이 옳지 않다고 지적하고 있답니다. **공존**을 위해 서로의 입장에서 생각해 보는, 이른바 **역지사지**의 **균형** 잡힌 자세가 필요한 시점이에요.

* **유소년**(어릴 유幼, 적을 소少, 나이 년年): 0세부터 14세의 나이에 해당하는 사람.
* **자제**(스스로 자自, 누를 제制): 감정이나 욕구 등을 스스로 억누름.
* **이기적**(이로울 이利, 자기 기己, 것 적的): 자기의 이익만을 꾀하는 것.

이 기사가 마음에 든 만큼 '엄지척'을 색칠해 주세요!

순냥이는 이 단어가 궁금해!

신문에 나온 주요 단어들을 알아보자! 단어의 정확한 뜻을 알면 기사 읽기가 훨씬 쉬워져!

소음	떠들 소騷 + 소리 음音
	시끄럽게 떠드는(騷) 소리(音).
공존	함께 공共 + 있을 존存
	함께(共) 살아가며 존재함(存).
균형	고를 균均 + 저울대 형衡
	어느 한쪽으로 기울거나 치우치지 않고 고르게(均) 평형(衡)을 이룸.

순냥이와 단어 퀴즈 고고!

빈칸에 들어갈 알맞은 단어를 선으로 이어 봐! 이 정도는 할 수 있겠지?

- 자전거를 탈 땐 ______ 을 잘 잡아야 넘어지지 않아요. • 　　• 소음
- 자연과 사람이 ______ 하는 미래를 만들어 가야 해요. • 　　• 공존
- 공사장 ______ 으로 주변에 사는 사람들이 피해를 보고 있어요. • 　　• 균형

순냥이와 생각을 나누자!

- 소음에서 자유로운 어린이 공원을 만들 순 없을까요?
- 내가 만약 어린이 공원 근처에 사는 사람이라면 어떤 생각이 들 것 같나요?

순냥이와 함께 배우는 오늘의 어휘력!

성어 역지사지	바꿀 역易 + 처지 지地 + 생각 사思 + 그것 지之
	'처지(地)를 바꾸어(易) 그것(之)을 생각하라(思).'는 뜻으로 상대편 처지에서 생각해 보고 이해하라는 말.
	예 역지사지하다 보면 친구의 상황을 이해할 수 있다.

역지사지란?

같은 일을 하더라도 각자의 역할이 다르다면 아마 서로 느끼는 바가 다를 거예요. 그래서 간혹 생각이 달라 다투거나 오해를 해 더 어려운 일을 겪는 경우도 생긴답니다. 이러한 상황을 극복하기 위해 서로가 처한 처지를 바꾸어 생각해 상대를 이해해 보려는 자세를 '역지사지의 자세'라고 해요. 어린이 공원에서 이루어지는 공놀이 자제 요청에 관한 문제는 바로 이 역지사지의 자세가 필요한 문제라 할 수 있어요. 공원 주변에 사는 주민으로서는 매일 반복되는 소음이 지나친 스트레스가 될 수 있지만, 반대로 어린이로서는 편히 놀 공간조차 이해해 주지 않는 태도가 안타까울 수 있지요. 서로의 입장을 생각해 조금만 더 배려하고 양보하는 자세가 양측에 요구되고 있어요.

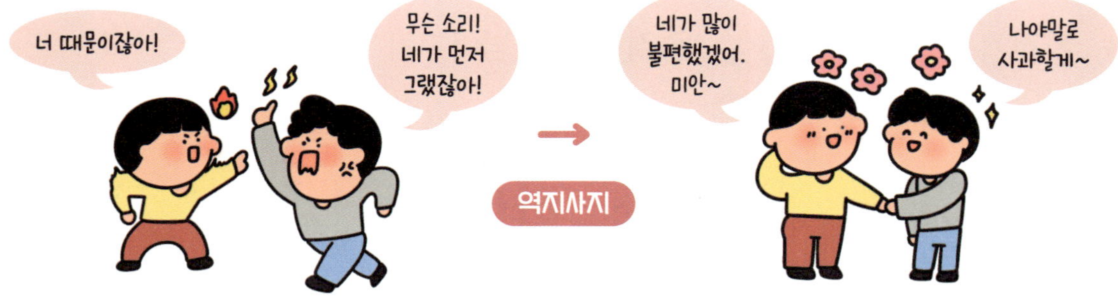

순냥이와 쓱싹쓱싹 쓰다 보면 어휘력 급상승!

'역지사지'가 들어간 문장을 또박또박 바르게 따라 써 봐. 손에도 익고 입에도 착 붙을 거야!

역지사지의 자세를 가지면 다툼은 줄어들고 행복은 늘어나요.

순냥이와 함께하는 신문 체크! 체크!

신문의 내용을 잘 떠올리며 풀어 보자. 기사를 더 깊이 이해하게 될 거야!

1. 신문의 주요 내용이 무엇인지 빈칸에 알맞은 말을 넣어 완성해 보자.

어린이 공원에서의 ☐☐ 발생과 서로 다른 두 시각

2. 신문 내용이 알맞으면 O, 틀리면 X를 해 보자.

- 전국의 어린이 공원의 수는 약 1,000곳이에요. (   )
- 어린이 공원에서의 공놀이 소음으로 피해를 보는 사람들이 있어요. (   )
- 어린이 공원에서는 원칙적으로 어린이들이 공놀이를 할 수 없어요. (   )

3. 밑줄에 알맞은 말을 써 보자.

어린이 공원
공놀이 자제 현수막 문제

공놀이 자제 입장

공이 튀길 때 나는 소음 문제와 세게 날아오는 공으로 ____ ____ 문제가 생길 수 있음.

공놀이 허용 입장

어린이들을 위해 만든 어린이 ____ ____에서 공놀이 자제 요구는 도가 지나침.

4. 신문의 내용을 한 문장으로 정리해 보자.

☐☐☐ 공원에서의 소음 발생 문제에 대해 서로의 처지를 이해하려는, 이른바 '☐☐☐☐의 자세'가 필요한 시점이에요.

수레가 넘어진 곳에는 사랑이 있었다

2024년 4월, 안산시의 어느 한 아파트 앞 도로에서 수레 하나가 천천히 움직이고 있었어요. 연세가 많으신 할아버지 한 분이 수레에 ***폐지**를 싣고 힘겹게 끌며 어디론가 향하고 계셨지요. 그런데 그때 갑자기 균형을 잃고 폐지가 바닥에 쏟아져 버리고 말았어요. 도로엔 쏟아진 폐지가 어지러이 나뒹굴고 있었죠. 놀란 할아버지는 ***노쇠**한 몸으로 도로 위 폐지를 줍기 시작했어요.

그런데 그때 어디선가 나타난 초등학교 5학년 학생 4명이 달려왔어요. 학생들은 수레를 바로 세운 뒤 쏟아진 폐지를 빠르게 정리했답니다. 덕분에 할아버지 혼자 치우셨다면 더디었을 정리가 빠르게 수습될 수 있었어요. 도움을 준 학생들은 여기서 멈추지 않았어요. 할아버지께 힘이 되고자 옆과 뒤에서 수레를 20분 넘게 함께 끌며 걸었지요. **백지장도 맞들면 낫듯이** 할아버지의 무거운 수레는 따뜻한 마음과 함께 한결 가벼워질 수 있었어요.

▲ 수레를 끌어 준 학생들에게 수여된 표창장

이 이야기는 그 모습을 지켜본 한 시민의 ***제보**로 널리 알려졌어요. 무심코 지나칠 수 있는 상황에서 따뜻한 손길을 내민 학생들의 **봉사** 정신에 많은 이가 감동을 받았지요. 이후 안산시에서는 학생들을 시청으로 초대해 **표창장**을 수여하였어요. 다른 사람의 어려움을 돕기 위해 선뜻 나섰던 학생들의 행동을 기리기 위해서였죠. 점차 따스한 정을 찾아보기 어려워지는 오늘날, 사람들의 마음에 깊은 울림을 주는 **선행**이었어요.

더 궁금하다면?

* **폐지**(버릴 폐廢, 종이 지紙): 쓰고 버린 종이.
* **노쇠**(늙을 노老, 쇠할 쇠衰): 늙어서 몸과 마음이 쇠약하고 기운이 없음.
* **제보**(들 제提, 알릴 보報): 정보를 제공함.

이 기사가 마음에 든 만큼 '엄지척'을 색칠해 주세요!

순냥이는 이 단어가 궁금해!

신문에 나온 주요 단어들을 알아보자! 단어의 정확한 뜻을 알면 기사 읽기가 훨씬 쉬워져!

봉사	받들 봉奉 + 섬길 사仕 사회를 위해 몸과 마음을 다해 받들어(奉) 섬김(仕).
표창장	겉 표表 + 드러날 창彰 + 문서 장狀 훌륭한 일을 겉(表)으로 드러내(彰) 밝히고 널리 알려 칭찬하는 내용의 상장(狀).
선행	착할 선善 + 행할 행行 착한(善) 행동(行).

순냥이와 단어 퀴즈 고고!

빈칸에 들어갈 알맞은 단어를 선으로 이어 봐! 이 정도는 할 수 있겠지?

- 선생님께서 친구를 도와 ______ 을 베푼 행동을 크게 칭찬하셨어요. • • 표창장
- 모범적인 어린이에게 ______ 이 수여되었어요. • • 봉사
- 슈바이처 박사는 아프리카에서 병들고 가난한 이들을 위해 ______ 를 실천하였어요. • • 선행

순냥이와 생각을 나누자!

- 내가 만약 같은 상황이었다면 선뜻 할아버지의 폐지를 주우며 도와드릴 수 있었을까요?
- 순수한 마음으로 한 선행에 꼭 상을 줘야 할지 내 생각을 이야기해 보세요.

순냥이와 함께 배우는 오늘의 어휘력!

속담 백지장도 맞들면 낫다

아무리 쉬운 일이라도 서로 힘을 합하면 훨씬 쉽다는 말.

예 **백지장도 맞들면 낫듯이** 함께 해결 방법을 찾아보니 훨씬 수월했다.

백지장도 맞들면 낫다란?

아무리 쉬운 일이라도 친구가 돕겠다고 나서준다면 아주 고마울 거예요. 설령 친구가 보태는 힘이 작은 힘일지라도 마음은 무척 따뜻해질 것이에요. 우리는 살아가면서 이처럼 다른 이의 도움을 받기도 하고 또 반대로 다른 이에게 도움을 주기도 해요. 그리고 더 나아가 여럿이 함께 서로에게 힘을 주며 무언가를 이룰 때도 있지요. 서로 어려운 일이건 쉬운 일이건 함께 힘을 합하는 일은 아름다운 일임이 분명해요. 가벼운 하얀 종이 한 장인 백지장도 서로 맞들면 더 가벼워지듯 아무리 쉬운 일이라도 혼자 하지 않고 함께 도우면 훨씬 이롭고 쉬워진답니다.

순냥이와 쓱싹쓱싹 쓰다 보면 어휘력 급상승!

'백지장도 맞들면 낫다'가 들어간 문장을 또박또박 바르게 따라 써 봐. 손에도 익고 입에도 착 붙을 거야!

'백지장도 맞들면 낫다.'의 말처럼 가족들이 함께 빨래를 개니 금세 끝이 났어요.

순냥이와 함께하는 신문 체크! 체크!

신문의 내용을 잘 떠올리며 풀어 보자. 기사를 더 깊이 이해하게 될 거야!

1. 신문의 주요 내용이 무엇인지 빈칸에 알맞은 말을 넣어 완성해 보자.

할아버지의 ☐☐를 함께 주워 준 학생들의 선행

2. 신문 내용이 알맞으면 O, 틀리면 X를 해 보자.

- 폐지를 실어 나르시는 할아버지의 수레가 넘어지는 일이 일어났어요. (　　　)
- 넘어진 수레 근처를 지나가던 청년 네 명이 달려와 도왔어요. (　　　)
- 도움을 준 이들은 도로에 떨어진 폐지를 줍고 나서 바로 자리를 떠났어요. (　　　)

3. 밑줄에 알맞은 말을 써 보자.

할아버지를 도와드린 학생들

- 할아버지의 폐지 ＿＿＿＿가 넘어지는 일이 일어남.
- 네 명의 학생들이 쓰러진 수레를 세우고 빠르게 뒷정리를 도와드림.
- 한 시민이 학생들의 ＿＿＿＿을 제보하여 이후 표창장이 수여됨.

4. 밑줄에 아래 단어를 넣어 신문의 내용을 한 문장으로 정리해 보자.

선행　　감동　　학생들

폐지를 실어 나르다 넘어진 할아버지를 도와드렸던 네 ＿＿＿＿＿＿의 ＿＿＿＿이 알려져 많은 사람에게 큰 ＿＿＿＿을 주었어요.

K팝 공연 때문에 축구 대표 팀이 괴로워!

전 세계 사람들이 열광하는 K팝 **공연**은 열릴 때마다 큰 관심을 끌어모아요. 공연장을 찾은 시민들이 함께 어울려 신나게 즐기는 모습이 매번 큰 주목을 받지요. 특히 서울월드컵경기장에서 열리는 K팝 공연은 수만 명의 관객이 함께할 수 있을 정도로 매우 큰 규모를 자랑해요. 드넓은 경기장 위로 설치된 무대를 중심으로 많은 사람이 즐길 수 있는 흔치 않은 장소이기에 큰 공연이 주로 열리고 있답니다. 이곳에서는 관객들이 경기장 잔디 위에 마련된 그라운드석과 관중석에 앉아 신나게 공연을 즐기곤 해요.

그런데 최근 서울월드컵경기장에서 열리는 공연에 관해 ***우려**하는 목소리가 높아지고 있어요. 우리나라 축구 국가대표 팀의 경기 후 잔디 상태에 대한 지적이 있고 나서는 그 목소리가 더 많이 커지고 있지요.

사실 서울월드컵경기장은 2002년 한일 월드컵을 위해 ***건설**되었던 축구 **전용** 경기장이에요. 그래서 우리나라 축구 국가대표 팀이 축구 경기를 치르는 구장이기도 한 곳이에요.

문제는 많은 시민이 즐긴 K팝 공연이 끝난 후 남은 경기장 잔디의 상태였어요. 몇몇 선수들이 직접 불만을 제기할 정도로 잔디가 훼손되어 축구 경기에 영향을 줄 정도였답니다.

이에 따라 서울월드컵경기장에서의 공연 진행에 대한 논란이 깊어지고 있어요. 원활한 경기를 위한 운영과 함께 시민들의 문화 ***향유** 장소로도 활용하는 **일거양득**의 방향으로 현명한 **방안** 마련이 필요한 때예요.

더 궁금하다면?

* **우려**(근심할 우憂, 걱정할 려慮): 근심하거나 걱정함.
* **건설**(세울 건建, 세울 설設): 건물 등을 만들어 세움.
* **향유**(누릴 향享, 있을 유有): 마음껏 즐기고 누림.

이 기사가 마음에 든 만큼 '엄지척'을 색칠해 주세요!

순냥이는 이 단어가 궁금해!

신문에 나온 주요 단어들을 알아보자! 단어의 정확한 뜻을 알면 기사 읽기가 훨씬 쉬워져!

공연	여럿 공公 + 펼칠 연演 여러(公) 사람이 모인 자리에서 연극이나 음악, 무용 등을 펼쳐(演) 보임.
전용	오로지 전專 + 쓸 용用 공동으로 쓰지 않고 오로지(專) 혼자서만 씀(用).
방안	방법 방方 + 생각 안案 해결 방법(方)이나 생각(案).

순냥이와 단어 퀴즈 고고!

위에서 배운 단어들을 빈칸에 넣어 봐! 이 정도는 할 수 있겠지?

1. 화려한 축하 ☐☐이 멋지게 막을 내렸어요.

2. 축구 ☐☐ 경기장은 잔디 상태가 매우 중요해요.

3. 문제 상황이 발생했지만, 끝내 해결 ☐☐을 찾아냈어요.

순냥이와 생각을 나누자!

- 내가 공연 기획자라면 많은 사람이 참여하는 K팝 공연을 어디에서 열고 싶나요?
- 축구 전용 경기장의 잔디를 보호하는 방법에는 어떤 것이 있을까요?

성어 **일거양득**	한 일一 + 들 거擧 + 두 양兩 + 얻을 득得
	한(一) 가지를 하여(擧) 두(兩) 가지 이익을 얻음(得).
	예 축구를 하면 즐거울 뿐만 아니라 건강해지기까지 하니 **일거양득**이다.

일거양득이란?

'일거양득'은 어떤 한 가지로 두 가지 이익을 얻음을 뜻해요. 서울월드컵경기장이라는 하나의 장소에서 축구 경기와 함께 K팝 가수의 공연을 개최하는 것도 일거양득을 위한 것이라 할 수 있지요. 일본 도쿄돔에서의 공연, 영국 웸블리 스타디움에서의 공연 역시 일거양득의 좋은 예예요. 과연 서울월드컵경기장은 원활한 축구 경기를 치르는 축구장의 역할과 많은 시민이 문화 공연을 즐기는 문화 공연장의 역할, 이 두 마리 토끼를 다 잡을 수 있을까요?

'일거양득'이 들어간 문장을 또박또박 바르게 따라 써 봐. 손에도 익고 입에도 착 붙을 거야!

'일거양득'과 비슷한 표현으로 '일석이조', '꿩 먹고 알 먹는다.' 등이 있어요.

순냥이와 함께하는 신문 체크! 체크!

신문의 내용을 잘 떠올리며 풀어 보자. 기사를 더 깊이 이해하게 될 거야!

1. 신문의 주요 내용이 무엇인지 빈칸에 알맞은 말을 넣어 완성해 보자.

축구 ☐☐ 경기장에서 열리는 K팝 공연

2. 신문 내용이 알맞으면 O, 틀리면 X를 해 보자.

- 경기장의 공연 좌석으로 잔디 위에 마련된 그라운드석도 있어요. (　　　)
- 서울월드컵경기장은 2002년 공연 개최를 위해서 지어진 경기장이에요. (　　　)
- K팝 등의 공연이 끝난 후 경기장의 잔디 상태는 양호할 때가 많았어요. (　　　)

3. 밑줄에 알맞은 말을 써 보자.

잔디 훼손이 일어나게 된 원인

축구 전용 경기장에서 K팝 공연을 개최하여 경기장 ＿＿＿가 많이 훼손됨.

잔디 훼손으로 인한 문제 발생

국가대표 선수들이 축구를 할 수 없을 정도로 잔디가 많이 훼손되어 ＿＿＿를 제대로 치를 수 없었음.

4. 밑줄에 아래 단어를 넣어 신문의 내용을 한 문장으로 정리해 보자.

경기장　　공연　　훼손　　잔디

축구 전용 ＿＿＿에서 열리는 큰 규모의 K팝 ＿＿＿ 때문에 축구장 ＿＿＿가 심하게 ＿＿＿되어 논란이 일어나고 있어요.

판다는 동물 외교관?!

지난 2024년 11월, 벨기에의 한 동물원에 가득 모인 사람들이 무언가를 보고 아쉬워하고 있었어요. 주인공은 바로 중국으로 돌아가게 된 판다 '톈바오'였어요. 톈바오는 2014년 중국에서 빌려준 판다 '싱후'와 '하오하오' 사이에서 태어나고 자란 판다예요. 본래 판다는 중국에서만 서식하는 동물인데 톈바오가 벨기에에서 나고 자랄 수 있었던 것에는 특별한 배경이 있었어요. 바로 중국의 '**동물 외교**'예요. 나라를 상징하는 귀한 동물을 다른 나라에 빌려주고 대가를 받으면서 더불어 나라의 이미지도 친근하게 만드는, 독특하고 부드러운 외교 덕분에 가능했었던 것이지요.

이런 중국의 동물 외교는 우리나라에서도 찾아볼 수 있어요. 바로 '푸공주', '푸뚠뚠'이라는 ***애칭**으로 불린 '푸바오'와의 만남과 **이별**이었어요. 2020년 우리나라에서 태어나 많은 ***관람객**의 사랑을 받아온 판다 푸바오는 중국에서 빌려준 판다 '러바오'와 '아이바오' 사이에서 태어난 판다예요. 우리나라에서 많은 사랑을 받으며 큰 **화제**가 되었었지만 2024년 4월, 임대 기간이 끝나게 되어 아쉽게도 중국으로 돌아가야 할 수밖에 없었지요. 국민적 인기를 얻으며 '푸바오 **신드롬**'까지 일으킨 판다였기에 많은 사람이 이별을 아쉬워했답니다.

이때 푸바오와의 ***작별**을 누구보다 아쉬워한 사람이 있었어요. 바로 푸바오가 태어날 때부터 함께했던 강철원 사육사였어요. 강철원 사육사는 중국으로 가게 된 푸바오의 적응을 돕기 위해 짧은 기간이나마 중국에 머물며 함께하였어요. 중국 정부는 푸바오가 돌아온 것을 환영하며 그동안 푸바오를 정성으로 돌봐준 우리나라와 사육사들에게 감사하다는 말을 전했답니다.

* **애칭**(사랑 애愛, 일컬을 칭稱): 본래의 이름 외에 친근하고 다정하게 사랑을 담아 부르는 이름.
* **관람객**(볼 관觀, 볼 람覽, 손님 객客): 관람하는 손님.
* **작별**(지을 작作, 나눌 별別): 인사를 나누고 헤어짐.

이 기사가 마음에 든 만큼 '엄지척'을 색칠해 주세요!

순냥이는 이 단어가 궁금해!

신문에 나온 주요 단어들을 알아보자! 단어의 정확한 뜻을 알면 기사 읽기가 훨씬 쉬워져!

이별	떨어질 이離 + 헤어질 별別
	서로 떨어져(離) 헤어짐(別).
화제	말할 화話 + 제목 제題
	함께 말할(話) 이야기의 제목(題)이나 소재.
신드롬	신드롬(Syndrome: 증후군, 동시에 나타나는 일련의 증상)
	어떤 것을 좋아하는 현상이 마치 전염병같이 전체를 휩쓸게 되는 현상.

순냥이와 단어 퀴즈 고고!

위에서 배운 단어들을 빈칸에 넣어 봐! 이 정도는 할 수 있겠지?

1. 갑작스럽게 전학을 가게 되어 단짝 친구와 ☐☐을 하였어요.

2. 할아버지를 도와드린 친구의 미담은 우리 반에서 연일 ☐☐가 되었어요.

3. 푸바오가 중국으로 돌아갔어도 우리나라에서 푸바오 ☐☐☐은 여전해요.

순냥이와 생각을 나누자!

- 판다 외에 알고 있는 동물 외교가 있다면 이야기해 볼까요?
- 우리나라에서 나고 자란 판다라면 우리나라가 소유권을 가져야 하지 않을까요?

순냥이와 함께 배우는 오늘의 어휘력!

시사 용어 **동물 외교**	움직일 동動 + 만물 물物 + 바깥 외外 + 사귈 교交
	한 국가가 의미 있는 동물(動物)을 상대국에 전하는 외교(外交).
	예 중국과 호주 등의 나라가 **동물 외교**를 실시하고 있다.

동물 외교란?

세계 여러 나라에는 그 나라를 상징하는 동물들이 있어요. 중국의 판다, 호주의 코알라가 대표적인 예지요. '동물 외교'란 이러한 특별한 의미가 있는 동물을 상대 나라에 보내는 부드러운 외교를 말해요. 판다 '푸바오'의 부모인 '러바오'와 '아이바오'가 중국에서 왔듯 한 나라의 동물이 외교 특사로서 다른 나라에 가 일정 시간을 보내는 것이지요. 우리나라의 경우 동물 외교를 위해 1995년 미국에 조랑말을 보낸 적이 있어요. 반대로 2010년엔 러시아로부터 시베리아 호랑이를 받았었고, 중국으로부터 판다 외에도 1994년 시베리아 호랑이, 2008년 따오기 등을 받았었답니다.

▲ 호주를 상징하는 코알라

순냥이와 쓱싹쓱싹 쓰다 보면 어휘력 급상승!

'동물 외교'가 들어간 문장을 또박또박 바르게 따라 써 봐. 손에도 익고 입에도 착 붙을 거야!

중국은 여러 나라에 귀엽고 친근한 판다를 보내 대가를 얻는 동물 외교를 해요.

순냥이와 함께하는 신문 체크! 체크!

신문의 내용을 잘 떠올리며 풀어 보자. 기사를 더 깊이 이해하게 될 거야!

1. 신문의 주요 내용이 무엇인지 빈칸에 알맞은 말을 넣어 완성해 보자.

중국으로 간 푸바오, 텐바오 등의 ☐☐를 통한 중국의 동물 외교

2. 신문 내용이 알맞으면 O, 틀리면 X를 해 보자.

- 벨기에에서 자란 텐바오가 우리나라로 오게 되었어요. (   )
- 푸바오는 중국에서 태어나 우리나라로 들어왔어요. (   )
- 우리나라에서 푸바오는 큰 인기로 신드롬을 일으켰어요. (   )

3. 밑줄에 알맞은 말을 써 보자.

중국의 동물 ____ ____

- 벨기에 국민들이 중국으로 돌아가게 된 판다 텐바오와의 이별을 아쉬워함.
- '푸바오 신드롬'을 일으켰던 판다 푸바오가 우리나라를 떠나 ____ ____으로 돌아감.

4. 신문의 내용을 한 문장으로 정리해 보자.

귀여운 ☐☐를 다른 나라에 보내었다가 일정 기간이 지나면 다시 돌려받는 중국의 ☐☐ 외교로 인해, 많은 사람이 판다와의 즐거운 추억을 뒤로하고 아쉬운 이별을 맞이할 수밖에 없었어요.

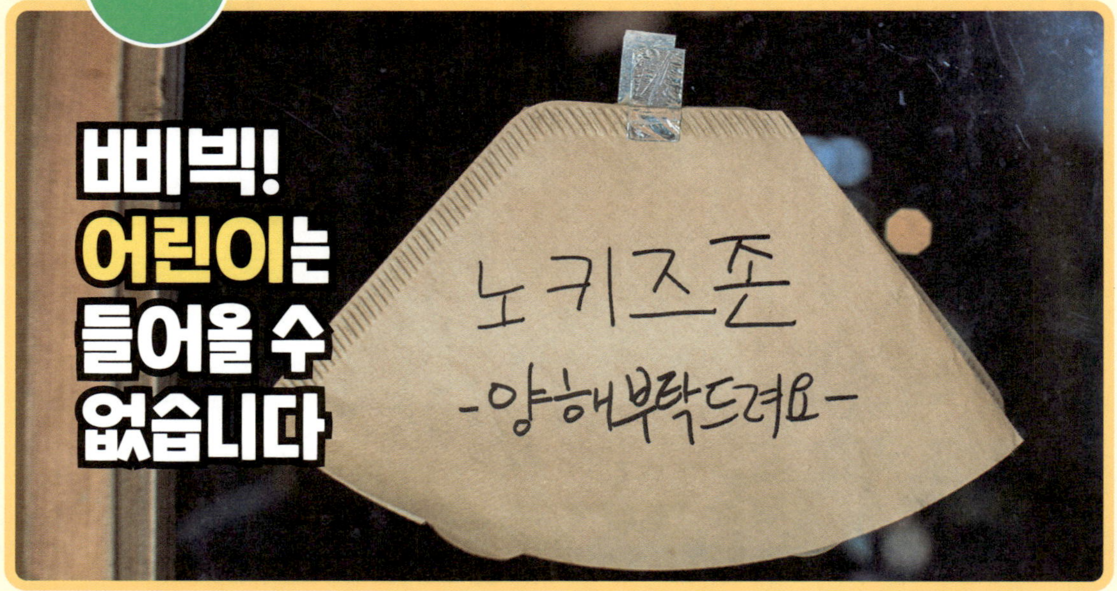

삐빅! 어린이는 들어올 수 없습니다

가족과 함께 맛있는 저녁을 먹기 위해 즐겁게 음식점으로 들어가려는 순간, "안 됩니다. 어린이는 들어올 수 없습니다."라는 이야기를 듣는다면 어떨까요? 아마 무슨 소리인지 선뜻 이해되지도 않고 기분마저 나쁠 거예요. 더구나 안에선 다른 손님들이 맛있게 식사를 하고 있다면 더더욱 의아할 거지요. 그러나 실제로 어린이의 출입을 막는 음식점, 카페 등의 장소가 점점 많아지고 있어요. 이른바 '**노키즈존**(No kids zone)'으로서 어린이와 ***동반** 가족의 이용을 **금지**하는 곳들이에요.

우리 사회에 이러한 노키즈존이 많아진 원인을 살펴보면 나름의 논리적인 이유가 있어요. 음식점이나 카페에서 일부 어린이가 안전사고나 과도한 소음을 일으키기 때문에 아예 출입을 막아 이러한 문제를 사전에 차단한다는 것이지요. 특히 뜨거운 음식이나 음료를 가지고 이동할 수 있는 곳에서는 어린이가 뛰어다니다가 큰 사고가 날 수 있기에 노키즈존이 불가피하다고 말하고 있답니다. 일부 예의 없는 사람들의 잘못된 행동으로 인해 다른 손님들이 정당한 돈을 내고도 편안한 휴식을 즐길 수 없게 되는 상황도 노키즈존이 생긴 배경으로 지목되고 있어요.

하지만 이러한 노키즈존과 노실버존 등의 장소가 특정 **세대**를 향한 **차별**이라는 의견도 있어요. 일부 어린이의 잘못을 확대하여 모든 어린이의 출입을 금하는 것은 ***엄연**한 차별이라는 의견이지요. 본래는 모두가 이용할 수 있는 장소를 특정 세대라는 이유로 출입을 제한하는 것은 과도한 ***처사**라며 지적하는 이들도 있답니다.

더 궁금하다면?

- * **동반**(한가지 동同, 짝 반伴): 무언가를 할 때 함께 짝을 이룸.
- * **엄연**(의젓할 엄儼, 그러할 연然): 어떤 사실이나 현상이 의젓한 모양처럼 누구도 부인할 수 없을 만큼 뚜렷함.
- * **처사**(처리할 처處, 일 사事): 일을 처리함. 또는 처리된 일.

이 기사가 마음에 든 만큼 '엄지척'을 색칠해 주세요!

순냥이는 이 단어가 궁금해!

신문에 나온 주요 단어들을 알아보자! 단어의 정확한 뜻을 알면 기사 읽기가 훨씬 쉬워져!

금지	금할 금禁 + 멈출 지止 어떤 행동을 하지 못하도록(禁) 하고 멈추게(止) 함.
세대	인간 세世 + 시대 대代 같은 시대(代)를 살면서 함께 의식을 가지는 비슷한 연령층의 사람(世) 전체.
차별	다를 차差 + 나눌 별別 어떤 대상들을 서로 차이(差)를 두어 구별하여 나눔(別).

순냥이와 단어 퀴즈 고고!

빈칸에 들어갈 알맞은 단어를 선으로 이어 봐! 이 정도는 할 수 있겠지?

- 물놀이가 ______ 된 곳에 부모님 허락 없이 함부로 들어가지 않아요. •   • 금지
- 누구나 ______ 받지 않을 권리가 있어요. •   • 세대
- 그 노래는 거의 모든 ______ 에게 사랑받는 노래예요. •   • 차별

순냥이와 생각을 나누자!

- 우리 사회에 노키즈존이 늘어나는 이유는 무엇 때문일까요?
- 노키즈존에 가본 적 있다면, 그때의 느낌을 가족과 이야기해 보세요.

시사 용어 **노키즈존**	**노**(No: 금지) + **키즈**(Kids: 어린이들) + **존**(Zone: 구역)
	어린이를 동반한 손님이 들어갈 수 없는 곳.
	예 가족들과 간 카페는 **노키즈존**이라 들어갈 수 없었다.

노키즈존이란?

우리는 가족과 함께 여가 시간에 외식이나 쇼핑 등을 즐겨요. 그런데 간혹 일부 어린이와 어린이를 동반한 가족들이 공공 예절을 지키지 않아 다른 여러 손님에게 불편을 끼치는 경우가 있어요. 그래서 생겨난 곳이 바로 '노키즈존'이에요. 노키즈존을 찬성하는 측은 어린이의 안전사고를 막고 다른 손님들을 배려할 수 있다고 말하지만, 노키즈존을 반대하는 측에서는 어린이와 그 보호자에 대한 차별이라고 말하고 있어요. 이에 어린이들을 잘 보호해 달라는 '키즈케어존'과 어린이 손님을 허용하는 '예스키즈존'도 생겨나고 있답니다.

▲ 어린이 동반을 금지하는 '노키즈존'과 어린이 동반을 허용하는 '예스키즈존'

순냥이와 쓱싹쓱싹 쓰다 보면 어휘력 급상승!

'노키즈존'이 들어간 문장을 또박또박 바르게 따라 써 봐. 손에도 익고 입에도 착 붙을 거야!

어린이 동반 손님의 출입을 막는 '노키즈존' 식당들이 늘어나고 있어요.

순냥이와 함께하는 신문 체크! 체크!

신문의 내용을 잘 떠올리며 풀어 보자. 기사를 더 깊이 이해하게 될 거야!

1. 신문의 주요 내용이 무엇인지 빈칸에 알맞은 말을 넣어 완성해 보자.

우리 사회에 늘어나는 ☐☐☐ 존

2. 신문 내용이 알맞으면 O, 틀리면 X를 해 보자.

- 어린이들의 출입을 막는 음식점, 카페 등이 늘어나고 있어요. (　　　)
- 노키즈존은 국가가 나서서 실시하고 있는 하나의 정책이에요. (　　　)
- 어린이의 권리를 보호하기 위해 노키즈존이 생겨나고 있어요. (　　　)

3. 밑줄에 알맞은 말을 써 보자.

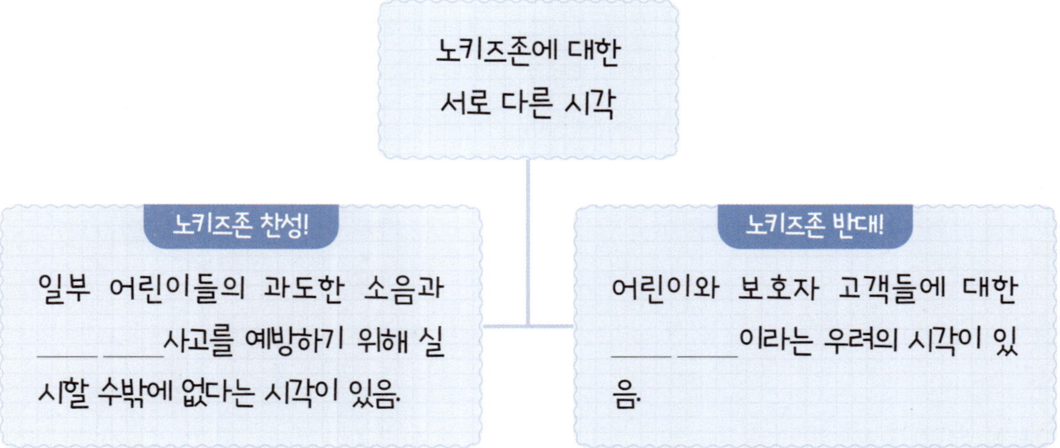

4. 신문의 내용을 한 문장으로 정리해 보자.

일부 어린이와 동반 가족들의 잘못된 행동으로 점점 늘어나고 있는 '☐☐☐☐'을 둘러싸고 특정 세대를 향한 차별이라는 의견도 있어요.

환경

야생 갈색곰이 사람을 공격했다!

예로부터 전해지는 속담 중에 '**호랑이에게 물려 가도 정신만 차리면 산다**.'라는 속담이 있어요. 그만큼 옛날에는 산에서 호랑이, 곰 같은 **맹수**들을 종종 만날 수 있었어요. 그런데 2024년 7월, 유럽 루마니아의 한 등산로에서 19세 등산객이 맹수인 **야생** 갈색곰에게 공격을 받아 숨지는 일이 실제로 일어났어요. 루마니아 국민은 혹시 야생 갈색곰이 또 사람을 해치지 않을까 두려움에 떨었어요. 왜냐하면 루마니아는 유럽 중에서도 야생 갈색곰이 가장 많이 서식하는 나라였거든요. 약 8,000마리 정도 되는 야생 갈색곰이 살고 있어 놀라는 사람들이 많았답니다.

사실 유럽 갈색곰은 **멸종** 위기종은 아니지만 ***개체** 수가 적어 야생 동물 보호종으로 지정되어 관리되고 있는 동물이에요. 그러한 야생 갈색곰이 사건을 일으키고 만 것이죠.

이 일을 계기로 루마니아 의회는 곰의 개체 수를 조절하기 위해 곰 사냥 허용 한도를 기존 220마리에서 약 2배 늘린 481마리까지 허용하도록 허가하였어요. 곰이 점점 늘어나면서 사람들의 산책로나 도로에 불쑥 나타나기도 하고 마을로 내려와 사람들을 위협하는 상황들이 ***초래**되었기 때문이었어요. 곰의 수 증가가 결국 인간에 대한 공격으로 이어졌다고 분석한 것이었죠.

이에 대해 환경 단체들은 비인간적인 곰 사냥은 결코 해결책이 될 수 없으며, 사고 예방을 위해서는 문제의 원인을 분석해야 한다고 주장했어요. 인간이 생활하는 곳까지 내려올 수밖에 없는 곰의 서식 환경을 개선하고, 허가 없이 먹이 주기 금지, 그리고 곰을 ***유인**하는 쓰레기도 관리해야 한다고 주장하고 있답니다.

* **개체**(낱 개個, 몸 체體): 하나의 독립된 낱낱의 생물체.
* **초래**(부를 초招, 올 래來): 어떤 결과를 불러서 가져오게 함.
* **유인**(꾈 유誘, 끌 인引): 남을 꾀어 끌어들임.

이 기사가 마음에 든 만큼 '엄지척'을 색칠해 주세요!

순냥이는 이 단어가 궁금해!

신문에 나온 주요 단어들을 알아보자! 단어의 정확한 뜻을 알면 기사 읽기가 훨씬 쉬워져!

맹수	사나울 맹猛 + 짐승 수獸 사나운(猛) 짐승(獸).
야생	들 야野 + 날 생生 산이나 들(野)에서 저절로 나서(生) 자라는 생물.
멸종	없앨 멸滅 + 씨 종種 생물의 한 종류가 씨(種)까지 싹 없어짐(滅).

순냥이와 단어 퀴즈 고고!

위에서 배운 단어들을 빈칸에 넣어 봐! 이 정도는 할 수 있겠지?

1. 동물원에 가면 호랑이, 치타, 사자 등과 같은 ☐☐를 잘 볼 수 있어요.

2. ☐☐의 세계는 약육강식의 세계예요.

3. 여우는 친숙하지만 사실 ☐☐ 위기에 놓인 동물이에요.

순냥이와 생각을 나누자!

- 루마니아에서 일어난 야생 갈색곰이 사람을 습격한 사건을 가족에게 이야기해 보세요.
- 야생 갈색곰이 사람들의 생활 공간에까지 내려오게 된 이유는 무엇일까요?

순냥이와 함께 배우는 오늘의 어휘력!

속담 호랑이에게 물려 가도 정신만 차리면 산다

아무리 위급한 일을 당하더라도 정신만 똑똑히 차리면 위기를 벗어날 수 있음.

예 '호랑이에게 물려 가도 정신만 차리면 산다.'는 말처럼 결국 해결 방법을 찾았다.

호랑이에게 물려 가도 정신만 차리면 산다란?

'호랑이에게 물려 가도 정신만 차리면 산다.'라는 속담에는 재미난 옛이야기가 전해지고 있어요. 어느 추운 겨울날 가난한 나무꾼이 나무를 하러 산에 올랐다가 호랑이를 만나게 되었어요. 그는 위급한 순간 속에서도 애써 침착하게 기지를 발휘했답니다. "아이고, 형님! 형님을 뵙게 되어 너무 반갑습니다. 어릴 적 잃어버린 형님을 이제야 뵙습니다!"라고 하며 호랑이에게 갑자기 절을 했지요. 어안이 벙벙했던 호랑이는 눈물까지 글썽이는 나무꾼의 말에 깜빡 속아 결국 나무꾼을 살려 주었어요. 이처럼 '호랑이에게 물려 가도 정신만 차리면 산다.'라는 속담은 아무리 위급한 일을 당하더라도 정신만 똑바로 차리면 위기를 벗어날 수 있음을 뜻해요. 오늘날에도 긴급한 상황 속에서 침착함이 필요할 때 자주 쓰이는 속담이랍니다.

순냥이와 쓱싹쓱싹 쓰다 보면 어휘력 급상승!

'호랑이에게 물려 가도 정신만 차리면 산다'라는 속담을 넣어 빈 생각 풍선에 알맞은 문장을 써 봐! 손에도 익고 입에도 착 붙을 거야!

순냥이와 함께하는 신문 체크! 체크!

신문의 내용을 잘 떠올리며 풀어 보자. 기사를 더 깊이 이해하게 될 거야!

1. 신문의 주요 내용이 무엇인지 빈칸에 알맞은 말을 넣어 완성해 보자.

루마니아, ☐ 습격에 곰 사냥 ☐☐ 한도 2배 늘리기로

2. 신문 내용이 알맞으면 O, 틀리면 X를 해 보자.

- 오늘날 우리나라 산속에서 호랑이를 자주 만날 수 있어요. (   )
- 유럽 루마니아에는 약 8,000마리의 야생 갈색곰이 살아요. (   )
- 루마니아에서는 야생 갈색곰을 보호하기 위해 곰 사냥 허용 한도를 줄였어요. (   )

3. 밑줄에 알맞은 말을 써 보자.

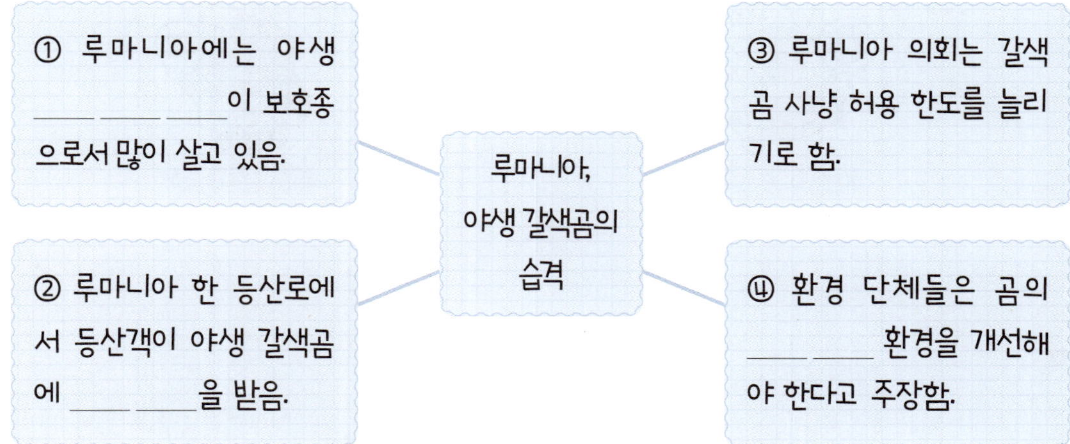

4. 신문의 내용을 한 문장으로 정리해 보자.

야생 갈색곰에게 공격받는 일이 자주 발생하자, 루마니아 ☐☐가 곰의 개체 수 ☐☐을 위해 곰 사냥 허용 한도를 2배 가까이 늘렸어요.

토론을 좋아하는 뜨감이와 고구미는 네 생각이 궁금해!

028쪽의 신문은 축구 전용 경기장에서 열리는 공연 개최에 관한 기사였어. 일부 사람들은 "수만 명의 시민이 함께 즐길 수 있도록 축구 전용 경기장에서의 공연 개최를 허용해야 한다."라고 주장하는데, 친구들은 어떻게 생각해?

축구 전용 경기장에서의 공연 개최를 허용해야 한다!

VS

축구 전용 경기장에서의 공연 개최를 허용하지 않아야 한다!

저는 축구 전용 경기장에서의 공연 개최를 허용해야 한다고 생각해요. 왜냐하면 많은 인원이 공연을 관람할 장소가 마땅하지 않기 때문이에요. 그리고 잔디가 있는 곳에 최대한 좌석을 만들지 않는다면 큰 피해 없이 공연 개최가 가능하리라 생각해요.

뜨감이의 생각

저는 축구 전용 경기장에서 공연 개최는 무리라고 생각해요. 왜냐하면 공연을 개최하면 무대 설치, 관람객의 잦은 이동 등으로 잔디가 손상될 수밖에 없기 때문이에요. 또한 훼손된 잔디를 다시 살리려면 엄청난 돈과 시간이 들 것이기에 공연 개최는 무리라고 생각해요.

고구미의 생각

036쪽의 신문은 일부 예의 없는 어린이와 동반 고객들로 생겨난 노키즈존에 대한 기사였어. 생각에 따라 노키즈존을 찬성할 수도 있고, 반대할 수도 있어. 노키즈존에 대한 여러 가지 생각을 생각 그물로 그려 보고 가지를 더 확장해 보자!

내가 만약 음식점의 주인이라면 소란을 피우는 어린이들에 대해서 어떻게 안내하고 싶은지 안내 문구를 써 보자.

미술전 1등 그림을 AI가 그렸다고?!

얼마 전 미국에서 열린 한 미술전에서 하나의 그림이 큰 ***논란**이 되었었어요. 주인공은 **디지털** 아트 부문에서 1위를 차지한 '스페이스 오페라 극장'이었어요. 이 그림이 논란이 된 것은 다름 아닌 **인공 지능(AI)**을 활용해 그린 그림이라는 점 때문이었어요. 인공 지능 프로그램 '미드저니'에 구체적인 설명글을 입력하면 몇 초 만에 그에 맞는 이미지를 만들어 주는 기술을 이용하였던 거지요. 그동안의 일반적인 작품과는 매우 큰 차이가 있는 방식이었답니다. 다만 해당 미술전의 디지털 아트 부문은 디지털 방식으로 이미지를 ***편집**하는 것을 인정하였기에 인공 지능을 활용한 이 작품이 상을 거머쥘 수 있었어요.

이러한 수상에 대해 당시 많은 사람이 비판의 목소리를 높였어요. 일부 **예술가**들은 마치 로봇이 육상 대회에 나가서 수상한 것과 같다며 진정한 예술이 아닌 부정행위라 비판했지요. 이에 대해 작품 제출자 앨런은 대회의 그 어떤 규칙도 어기지 않았으며 인공 지능 기술을 사용하는 것은 앞으로도 ***획기적**인 수단이 될 것이라며 반박했어요. 그는 수상작을 포함한 제출 작품 3개를 얻기 위해 80시간이 넘도록 노력하였다는 점과 작품을 만들기 위해 입력했던 구체적인 설명글은 인간의 **창의력**과 탐구력이 필요한 부분이라는 점을 강조하였답니다.

▲ 그림을 그리는 인공 지능 상상도

* **논란**(논할 논論, 꾸짖을 란難): 잘못된 점, 문제가 될 만한 것을 논하고 상대방의 주장을 꾸짖으며 다툼.
* **편집**(엮을 편編, 모을 집輯): 일정한 방법으로 모아 엮으며 정리함.
* **획기적**(나눌 획劃, 시기 기期, 것 적的): 어떤 과정이나 분야에서 시기를 뚜렷이 나눌 만큼 새로운 것.

순냥이는 이 단어가 궁금해!

신문에 나온 주요 단어들을 알아보자! 단어의 정확한 뜻을 알면 기사 읽기가 훨씬 쉬워져!

디지털	디지털(Digital: 디지털 방식의) 정보를 1과 0이라는 숫자를 사용해 전기 신호로 바꿔 한 자리씩 끊어서 깔끔하고 빠르게 다루는 방식.
예술가	재주 예藝 + 재주 술術 + 사람 가家 재주(藝)와 기술(術)을 익히고 닦아 아름다운 작품을 만드는 사람(家).
창의력	처음 창創 + 뜻 의意 + 힘 력力 새로운 것을 처음(創)으로 생각(意)해 내는 힘(力).

순냥이와 단어 퀴즈 고고!

빈칸에 들어갈 알맞은 단어를 선으로 이어 봐! 이 정도는 할 수 있겠지?

- 이 문제집은 기발한 문제가 많아서 ______을 기르는 데 좋아요. •　　　• 디지털
- 일부 어르신들은 ______ 기기를 다루는 것에 어려움을 겪곤 해요. •　　　• 예술가
- 나의 꿈은 멋진 그림을 그리는 ______가 되는 거예요. •　　　• 창의력

순냥이와 생각을 나누자!

- 인공 지능 기술을 활용한 작품을 미술전에 출품하는 것이 공정하다고 생각하나요?
- 인공 지능이 그림을 자유롭게 그리는 시대가 온다면 화가들은 사라질까요?

시사 용어	사람 인人 + 만들 공工 + 알 지知 + 능할 능能
인공 지능	사람(人)의 지능(知能)을 본떠 만든(工) 컴퓨터 시스템.
	예 이세돌 9단과 **인공 지능** 알파고와의 바둑 대국이 화제가 되었다.

인공 지능이란?

사람처럼 생각하며 행동하는 로봇을 상상해 본 적이 있나요? 인공 지능 로봇은 가까운 미래에 우리 일상에서 중요한 자리를 차지할 것으로 보여요. 사람의 학습하는 능력, 생각하는 능력 등이 인공 지능 기술에 탑재된 만큼 아주 자연스럽게 우리 일상생활에 적용될 예정이랍니다. 하지만 과연 인공 지능이 우리에게 긍정적인 모습으로만 다가올 것인지에 대해 걱정하는 시각도 있어요. 인공 지능이 발전할수록 사람이 할 일을 로봇이 대신해 많은 사람이 일자리를 잃을 수 있고, 뛰어난 기술을 나쁜 일에 악용하는 이들도 나타나는 등 여러 문제가 생길 수 있다는 우려의 시각도 있답니다.

인공 지능(AI)에 맞서 파업한 할리우드 작가들

지난 2023년 5월, 미국작가조합 소속의 작가들이 대규모로 파업을 했어요. 그들이 파업을 했던 이유 중 하나는 바로 인공 지능(AI) 때문이었어요. 영화사와 방송국에서 AI로 시나리오를 작성하거나 수정하기 시작하며 작가의 자리가 위험해질 수 있다고 느꼈던 것이지요. 이후 기나긴 협상 끝에 AI가 쓴 시나리오를 공식 시나리오로 인정하지 않기로 하는 등의 합의가 이루어졌어요. '창작'이라는 영역이 AI에게도 열려 있는 영역이라는 것을 일깨워 준 놀라운 사건이었답니다.

▲ 로스앤젤레스에 있는 넷플릭스 회사 앞에서 열렬히 시위하는 미국작가조합

순냥이와 함께하는 신문 체크! 체크!

신문의 내용을 잘 떠올리며 풀어 보자. 기사를 더 깊이 이해하게 될 거야!

1. 신문의 주요 내용이 무엇인지 빈칸에 알맞은 말을 넣어 완성해 보자.

☐☐ ☐☐이 그린 그림, 미술전 1등을 차지하다

2. 신문 내용이 알맞으면 O, 틀리면 X를 해 보자.

- 인공 지능으로 그림을 만들기 위해서는 구체적인 설명글을 입력해야 해요. (   )
- 해당 미술전은 디지털 방식으로 이미지를 편집하는 것을 허용했어요. (   )
- 작품 제출자 앨런은 대회의 규칙을 어기며 출품했어요. (   )

3. 밑줄에 알맞은 말을 써 보자.

미술전 1위를 차지한 인공 지능이 그린 그림

일부 예술가

인공 지능이 그린 그림은 진정한 __ __이 아닌 부정행위라고 비판함.

작품 출품자

인공 지능의 미술 작품은 인간의 __ __ __과 __ __ __이 들어간 창작품이라고 주장함.

4. 신문의 내용을 한 문장으로 정리해 보자.

미국의 한 미술전에서 ☐☐ ☐☐을 활용한 미술 작품이 ☐☐ ☐ 아트 부문에서 1위를 하여 많은 사람의 관심을 끌었어요.

너, 아직도 탕후루 좋아하니?

설탕물을 과일 위에 입혀서 단맛을 높인 길거리 음식, '탕후루'를 아시나요? 어린이들을 중심으로 2021년부터 **인기**를 얻기 시작했던 탕후루는 한때 너도나도 SNS에 인증 사진을 올리는 등 엄청난 **열풍**을 불러일으켰어요. SNS에서 자주 언급되는 소위 **바이럴 마케팅** 등의 영향으로 큰 인기를 끌었지요.

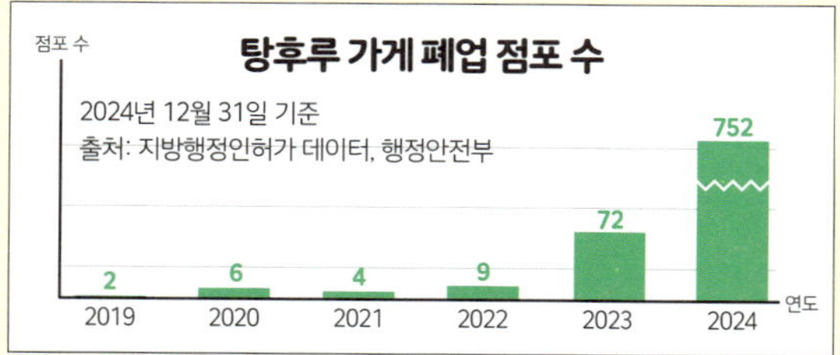

그러다 최근 들어 문을 닫는 매장이 늘어나는 등 내리막길을 걷고 있어요. 너무 달아 건강에 좋지 않다는 단점과 유행이 빠르게 변하는 상황 등으로 그 수가 계속 줄고 있답니다.

사실 탕후루와 같이 반짝인기를 얻었던 음식 **상품**은 그동안 대단히 많았어요. 지난 2018년부터 유행했던 '흑당 버블티'가 대표적인 예예요. 여러 ***프랜차이즈** 가게가 생겨날 정도로 매우 큰 인기를 끌었었다가 ***칼로리**가 높고, 타피오카 펄이 소화가 잘 안된다는 이유로 점차 사람들의 관심에서 멀어졌지요. 이 밖에도 '대만 카스텔라', '저가 생과일주스' 등 여러 반짝 유행 음식 상품들이 유행 후 열기가 빠르게 식어 가는 과정을 거쳤어요. 최근 탕후루의 자리를 이어받은 '스웨디시 젤리', '1인 컵 빙수', '두바이 쫀득 쿠키' 등도 인기를 끌고 있지만 유행에 따라 언제 인기가 식을지 몰라요. SNS의 영향으로 ***주기**가 짧아지는 빠른 유행의 변화에 많은 이가 관심을 가지는 이유랍니다.

* **프랜차이즈**(franchise): 성공한 한 가게를 따라 똑같은 가게를 내겠다는 사람에게 일정 지역에서의 영업권을 주고 수수료를 받는 방식.
* **칼로리**(calorie): 식품의 영양가나 열량의 정도를 이르는 말.
* **주기**(돌 주週, 때 기期): 어떤 현상이 일정한 기간마다 되풀이할 때 그 기간을 이르는 말.

이 기사가 마음에 든 만큼 '엄지척'을 색칠해 주세요!

순냥이는 이 단어가 궁금해!

신문에 나온 주요 단어들을 알아보자! 단어의 정확한 뜻을 알면 기사 읽기가 훨씬 쉬워져!

인기	사람 인人 + 기운 기氣 어떤 대상에게 쏠리는 많은 사람(人)의 높은 관심이나 좋아하는 기운(氣).
열풍	세찰 열烈 + 기세 풍風 매우 세차게(烈) 일어나는 기운이나 기세(風).
상품	장사 상商 + 물건 품品 사고파는(商) 물품(品).

순냥이와 단어 퀴즈 고고!

위에서 배운 단어들을 빈칸에 넣어 봐! 이 정도는 할 수 있겠지?

1. 그 연예인은 재치 있는 입담으로 ☐☐가 많아요.

2. 세계 여러 나라에 K팝의 ☐☐이 불고 있어요.

3. 마트에는 우리가 필요한 ☐☐이 다 있어요.

순냥이와 생각을 나누자!

- 현재 우리 주변에서 유행하는 음식에는 어떤 것이 있을까요?
- 스스로 생각했을 때 SNS에서 유행하는 음식을 먹는 편인가요, 아닌가요?

순냥이와 함께 배우는 오늘의 어휘력!

시사 용어 **바이럴 마케팅**	**바이럴**(Viral: 입소문의) + **마케팅**(Marketing: 상품을 판매하려는 활동)
	상품, 서비스에 대한 홍보 내용이 사람에서 사람으로 바이러스처럼 널리 퍼지도록 하는 전략.
	예 **바이럴 마케팅**으로 유명해진 한 맛집에 사람들이 줄을 섰다.

바이럴 마케팅이란?

▲ SNS를 활용한 바이럴 마케팅

오늘날 소비자들은 사회관계망서비스(SNS)의 발달로 마치 거미줄처럼 여러 사람과 연결돼 있어요. '바이럴 마케팅'은 이러한 점을 이용한 색다른 마케팅 전략이에요. 소비자들을 만족시켜 스스로 상품을 계속 이용하고 다른 이들에게 알리게 유도하는 전략이지요. 마치 바이러스가 사람에서 사람으로 널리 퍼지듯 상품이나 서비스에 대한 좋은 내용이 널리 스스로 퍼지게 만드는 것이랍니다. 최근에는 이 바이럴 마케팅을 이끌어 내기 위해 짧지만 강렬한 인상을 주는 '숏폼', 일부러 수량을 정한 '한정판 상품', '유명 인플루언서'를 활용한 광고 등의 다양한 방법을 시도하는 기업들이 많아요.

순냥이와 쓱싹쓱싹 쓰다 보면 어휘력 급상승!

'바이럴 마케팅'이 들어간 문장을 또박또박 바르게 따라 써 봐. 손에도 익고 입에도 착 붙을 거야!

최근 SNS를 이용해 바이럴 마케팅을 펼치는 기업이 많아졌어요.

순냥이와 함께하는 신문 체크! 체크!

신문의 내용을 잘 떠올리며 풀어 보자. 기사를 더 깊이 이해하게 될 거야!

1. 신문의 주요 내용이 무엇인지 빈칸에 알맞은 말을 넣어 완성해 보자.

사그라지는 ☐☐☐ 인기, SNS로 인한 빠른 유행의 변화

2. 신문 내용이 알맞으면 O, 틀리면 X를 해 보자.

- 탕후루는 노인을 중심으로 큰 인기를 끌기 시작한 음식이에요. (　　　)
- 최근 들어 탕후루 매장이 많이 줄어들고 있어요. (　　　)
- 오늘날 SNS의 영향으로 유행의 변화가 빨라지고 있어요. (　　　)

3. 밑줄에 알맞은 말을 써 보자.

SNS로 인한 빠른 유행의 변화

- ___ ___ ___ 마케팅의 영향으로 탕후루가 큰 인기를 끌었지만, 최근 관심이 줄고 있음.
- 최근에는 SNS를 통해 '스웨디시 젤리', '1인 컵 빙수', '두바이 쫀득 쿠키' 등이 인기를 끌고 있으나 ___ ___의 주기가 짧아지며 빠르게 변화하고 있음.

4. 신문의 내용을 한 문장으로 정리해 보자.

바이럴 마케팅으로 반짝 ☐☐를 얻은 음식들이 SNS의 영향으로 주기가 짧아지는 빠른 ☐☐의 변화를 겪고 있어요.

소싸움! 전통문화일까? 동물 학대일까?

두 마리의 소가 **막상막하**로 서로 무섭게 ***돌진**하는 모습을 본 적이 있나요? 이러한 모습은 소싸움 대회 경기장에서 쉽게 만날 수 있는 모습이에요. 소싸움 대회는 많은 사람이 두 소의 치열한 싸움을 지켜보며 즐기는 대회로, 지난 2022년부터 그 이름이 '소 힘겨루기 대회'로 바뀌어 진행되고 있어요. '싸움'이라는 단어가 주는 부정적인 느낌을 없애기 위해서였지요. 새로운 이름과 함께 오늘날 지역 **전통**문화의 상징으로 여러 시군에서 주기적으로 열리고 있답니다.

한편, 국립민속박물관의 한국민속대백과사전에서는 소싸움을 '예로부터 내려오는 전통 민속놀이'라고 말하고 있어요. 이에 힘입어 한국민속소힘겨루기협회에서는 지역 경제를 **활성화**하고 민속놀이를 지키기 위해 소싸움 대회를 유지해야 한다고 견해를 밝힌 바 있지요. 이들은 소싸움 등의 민속 경기가 현 동물 보호법에서 동물 **학대**의 예외에 해당한다는 점도 대회 추진의 ***근거**로 내세우고 있어요.

하지만 소싸움이 소의 건강을 해치며, 싸움을 위해 혹독한 훈련을 시키는 것 자체가 동물 학대라며 이를 ***폐지**해야 한다는 목소리도 커지고 있어요. 또한, 소싸움을 구경거리로 여기는 것이 자칫 생명을 가볍게 여기는 인식을 심어줄 수 있다는 비판도 제기되고 있지요.

이처럼 전통문화를 지켜야 한다는 주장과 동물 학대를 막아야 한다는 주장이 서로 팽팽히 맞서고 있는 상황이에요. 생명 존중과 전통문화 고수의 두 입장 사이에서 더욱 현명한 판단이 필요한 시점이랍니다.

더 궁금하다면?

* **돌진**(갑자기 돌突, 나아갈 진進): 세찬 기세로 거침없이 곧장 나아감.
* **근거**(뿌리 근根, 의지할 거據): 나무가 뿌리에 의지하듯 어떤 의견이 나오게 된 바탕이나 이유.
* **폐지**(그만둘 폐廢, 그칠 지止): 실시하던 일이나 제도 등을 그만두거나 그침.

이 기사가 마음에 든 만큼 '엄지척'을 색칠해 주세요!

순냥이는 이 단어가 궁금해!

신문에 나온 주요 단어들을 알아보자! 단어의 정확한 뜻을 알면 기사 읽기가 훨씬 쉬워져!

전통	전할 전傳 + 계통 통統 옛날부터 이어져(統) 내려오면서 다음 세대에게 전해지는(傳) 문화나 방식.
활성화	살 활活 + 성질 성性 + 될 화化 사회나 조직 등의 기능이 살아(活) 있는 듯한 성질(性)을 가져 활발하게 됨(化).
학대	모질 학虐 + 대우할 대待 몹시 괴롭히거나 모질게(虐) 대우함(待).

순냥이와 단어 퀴즈 고고!

위에서 배운 단어들을 빈칸에 넣어 봐! 이 정도는 할 수 있겠지?

1. 한복은 우리나라 고유의 ☐☐ 의상이에요.

2. 독서 문화 ☐☐☐를 위한 다양한 프로그램이 운영되고 있어요.

3. 반려동물 수가 늘어나는 가운데 동물 ☐☐ 수도 늘어나고 있어요.

순냥이와 생각을 나누자!

- 소싸움 대회가 동물 학대라면 동물원의 돌고래 쇼는 동물 학대일까요, 아닐까요?
- 나만의 동물 학대의 기준을 가족에게 이야기해 볼까요?

순냥이와 함께 배우는 오늘의 어휘력!

성어	없을 막莫 + 윗 상上 + 없을 막莫 + 아래 하下
막상막하	'위(上)도 없고(莫) 아래(下)도 없다(莫).' 라는 뜻으로, 누가 더 낫고 누가 더 못한지 구분할 수 없을 정도로 차이가 거의 없음.
	예 두 선수의 실력이 우열을 가릴 수 없을 정도로 **막상막하**였다.

막상막하란?

올림픽 경기에서 메달을 놓고 치열하게 경쟁하는 선수들을 보면 저절로 감탄이 나와요. 많은 선수가 각자의 환경에서 최선을 다해 경기에 임하며 감동을 연출하지요. 그중에는 서로 누가 더 잘하냐 못하냐를 말하기 어려울 정도로 실력이 비슷한 이들이 있어요. 이들 라이벌의 모습을 가리키는 표현으로 우열을 가리기 어렵다는 뜻의 '막상막하'라는 표현이 있어요. 함께 쓸 수 있는 비슷한 표현으로 '난형난제', '백중지간'이라는 표현도 있답니다.

▲ 축구 경기에서 막상막하의 실력을 보여준 '호날두'와 '메시'

순냥이와 쓱싹쓱싹 쓰다 보면 어휘력 급상승!

'막상막하'가 들어간 문장을 알맞게 채우고 또박또박 바르게 따라 써 봐. 손에도 익고 입에도 착 붙을 거야!

월드컵 결승전에서 만난 두 팀은 실력이 막상막하여서 경기 결과를 예측하기 어려웠어요.

순냥이와 함께하는 신문 체크! 체크!

신문의 내용을 잘 떠올리며 풀어 보자. 기사를 더 깊이 이해하게 될 거야!

1. 신문의 주요 내용이 무엇인지 빈칸에 알맞은 말을 넣어 완성해 보자.

소싸움, 전통 민속놀이의 동물 ☐☐ 논란

2. 신문 내용이 알맞으면 O, 틀리면 X를 해 보자.

- 소싸움 대회는 현재까지 그 이름 그대로 계속 이어져 오고 있어요. (　　　)
- 오늘날 여러 시군에서 소싸움 대회를 개최하고 있어요. (　　　)
- 소싸움 대회가 현 동물 보호법을 위반하고 있어 문제가 되고 있어요. (　　　)

3. 밑줄에 알맞은 말을 써 보자.

전통 민속놀이 '소싸움'

유지!

지역 경제 활성화와 ____ ____놀이를 지키기 위해 유지해야 함. 또한, 소싸움이 현 동물 보호법에서 동물 학대의 예외로 두고 있다는 점도 고려해야 함.

폐지!

소의 건강을 해치고, 싸움을 위해 혹독한 훈련을 시키는 것 자체가 동물 ____ ____이기에 이를 폐지해야 함.

4. 신문의 내용을 한 문장으로 정리해 보자.

지역 경제를 살리고 전통문화 계승을 위해 행해지고 있는 ☐☐☐에 대해 ☐☐ 학대라는 비판의 목소리가 나오고 있어요.

우천 시가 어디지? 문해력 위기를 겪는 현대인들

지난 2024년 한 온라인 커뮤니티에 올라온 글 하나가 큰 화제가 되었어요. 바로 모 지역 어린이집의 한 학부모가 올린 글이었어요. 교사가 "우천 시 장소를 ***변경**한다."라고 안내 글을 올리자 "우천시가 어디에 있는 도시인가요?"라며 물었던 거죠. 사실 '우천'이라는 것은 '비가 오는 날씨'라는 뜻인데 이를 어떤 도시의 이름으로 본 ***착각**이었어요.

문제는 이러한 착각이 일부에게서만 나타나는 것이 아니라는 것이에요. 특히 **문해력** 저하 현상이 학생들에게서 두드러지게 나타나고 있어 심한 우려가 일어나고 있답니다. 2024년 한글날을 맞이해 한국교원단체총연합회가 실시한 '학생 문해력 실태 인식 조사'에 따르면, 전국 초중고 교사 5,800여 명 중 91.8%가 "학생들의 문해력이 과거보다 나빠졌다."라고 답하였어요.

오늘날 초중고 학생들이 배우는 대부분의 학습 **용어**는 한자에 기초를 둔 한자어예요. 그런데 이 한자어 속에 담긴 뜻을 몰라 학습과 생활에 큰 어려움을 겪는 학생이 상당수예요. 인터넷, 스마트폰 등 다양한 디지털 기술과 도구를 다루는 '**디지털 리터러시**'는 높지만, 글을 읽고 이해하는 능력인 '문해력'이 낮아 학습에 어려움을 겪고 있는 것이죠. 예컨대 "심심한 사과를 드립니다."라는 문장을 보고 '마음이 깊고 간절하다'라는 뜻이 아니라 '재미가 없다'라는 뜻의 '심심하다'와 먹는 '사과'를 떠올려 의미를 완전히 ***오해**하기도 해요.

이러한 문해력 **향상**을 위해서는 한자어 속에 담긴 속뜻을 아는 것이 중요해요. 또 깊고 풍부한 독서와 공부를 꾸준히 하는 것도 중요하답니다. 문해력은 단순히 읽고 쓰는 데 그치지 않고 삶의 질을 좌우하는 힘이기에 소홀히 하면 안 될 힘이라 할 수 있어요.

* **변경**(바뀔 변變, 고칠 경更): 다르게 바꾸어 새롭게 고침.
* **착각**(어긋날 착錯, 깨달을 각覺): 사물을 실제와 다르게 느끼고 생각함.
* **오해**(그르칠 오誤, 풀 해解): 그릇되게 해석하거나 뜻을 잘못 앎.

이 기사가 마음에 든 만큼 '엄지척'을 색칠해 주세요!

순냥이는 이 단어가 궁금해!

신문에 나온 주요 단어들을 알아보자! 단어의 정확한 뜻을 알면 기사 읽기가 훨씬 쉬워져!

문해력	글 문文 + 풀 해解 + 힘 력力 글(文)을 읽고 내용을 이해하는(解) 능력(力).
용어	쓸 용用 + 말씀 어語 일정한 분야에서 주로 쓰는(用) 말(語).
향상	향할 향向 + 윗 상上 어떤 실력이나 수준 등이 위(上)로 향(向)하여 나아감.

순냥이와 단어 퀴즈 고고!

빈칸에 들어갈 알맞은 단어를 선으로 이어 봐! 이 정도는 할 수 있겠지?

- 선생님께서 어려운 과학 ______ 의 뜻을 쉽게 설명해 주셨어요. •   • 용어
- 열심히 공부해서 시험 성적을 ______ 시켰어요. •   • 문해력
- 꾸준히 책을 깊이 있게 읽었더니 ______ 이 높아졌어요. •   • 향상

순냥이와 생각을 나누자!

- 혹시 글을 읽다가 모르는 낱말이 나와 이해하기 힘들었던 적이 있나요?
- 나의 이름, 부모님의 성함에 담긴 한자의 속뜻은 무엇인지 가족과 함께 이야기해 보세요.

순냥이와 함께 배우는 오늘의 어휘력!

시사 용어 **디지털 리터러시**	**디지털**(Digital: 디지털의) + **리터러시**(Literacy: 글을 읽고 쓸 줄 아는 능력)
	디지털 시대에 필수적으로 요구되는 정보를 다루고 활용하는 능력.
	예 오늘날 청소년들의 **디지털 리터러시** 역량은 매우 뛰어나다.

디지털 리터러시란?

오늘날 스마트폰, 태블릿 PC, 웨어러블 기기 등의 수많은 디지털 기기는 우리 생활 속의 필수품으로 자리 잡았어요. 이제는 없으면 불편할 정도까지 되었지요. '디지털 리터러시'는 단순히 디지털 기기를 잘 다룬다고 높다고 말할 수 없어요. 디지털 정보 이해와 표현력을 갖추어야 비로소 디지털 리터러시가 높다고 할 수 있답니다. 디지털 리터러시는 동전의 양면 같은 속성을 지니고 있어요. 보다 빠르고 편리하게 정보를 처리하고 공유할 수 있다는 장점이 분명히 있지만, 지나치게 의존할 시 디지털 중독, 수면 장애 등을 겪을 수 있는 단점 또한 갖고 있어 균형을 유지하는 것이 중요하답니다.

순냥이와 쓱싹쓱싹 쓰다 보면 어휘력 급상승!

'디지털 리터러시'가 들어간 문장을 또박또박 바르게 따라 써 봐. 손에도 익고 입에도 착 붙을 거야!

디지털 리터러시도 중요하지만, 글을 읽고 이해하는 능력인 문해력 또한 무척 중요해요.

순냥이와 함께하는 신문 체크! 체크!

신문의 내용을 잘 떠올리며 풀어 보자. 기사를 더 깊이 이해하게 될 거야!

1. 신문의 주요 내용이 무엇인지 빈칸에 알맞은 말을 넣어 완성해 보자.

디지털 시대를 살아가는 사람들의 ☐☐☐ 저하 현상

2. 신문 내용이 알맞으면 O, 틀리면 X를 해 보자.

- 교실 속 학생들의 문해력 저하 현상이 문제가 되고 있어요. (　　　)
- 초중고 학생들이 배우는 대부분의 학습 용어는 한자어예요. (　　　)
- 디지털 리터러시는 디지털 기기를 잘 다루는 능력만을 말해요. (　　　)

3. 밑줄에 알맞은 말을 써 보자.

현상	해결책
디지털 시대를 살아가는 성인뿐만 아니라 학생들의 ___ ___ ___ 저하 현상이 일어나고 있음.	① 문해력 향상을 위해서는 ___ ___ ___의 속뜻을 아는 것이 중요함. ② 깊고 풍부한 ___ ___와 꾸준한 공부가 중요함.

4. 밑줄에 아래 단어를 넣어 신문의 내용을 한 문장으로 정리해 보자.

디지털 리터러시　　학생　　문해력

최근 ___ ___ ___ ___ ___ ___ ___는 높지만, 글을 읽고 이해하는 ___ ___ ___은 낮은 ___ ___들이 많아지고 있어 깊은 독서와 꾸준한 공부가 필요해요.

무인점포 절도범, CCTV로 딱 붙잡았다!

지난 2024년 5월, 서울의 한 **무인*점포**에서 여러 물건을 **계산**하는 척만 하고 실제론 하지 않은 채 갖고 나가려던 한 사람이 경찰에 붙잡혔어요. 가짜로 계산하는 장면을 수상히 여긴 점주가 CCTV로 지켜보고 있다가 가게 문을 잠그고 경찰에 신고했던 것이었죠. 이 사건은 가게에 사람이 없다는 점을 이용하려다가 CCTV 카메라에 덜미가 잡힌 **소탐대실**의 사건이었어요.

사건의 장소가 된 무인점포는 오늘날 무인 편의점, 무인 아이스크림 가게 등의 형태로 우리 주변에서 쉽게 찾아볼 수 있어요. 일하는 사람에게 주어야 할 돈인 인건비를 절약할 수 있다는 장점 등으로 최근 많이 생겨나고 있지요. 접촉을 줄여 감염병을 예방할 수 있다는 점뿐만 아니라 손님이 가게 점원의 눈치를 볼 필요 없이 천천히 물건을 고를 수 있다는 점 그리고 물건 가격을 바코드로 쉽게 확인할 수 있다는 점 등으로 그 수가 늘고 있답니다.

그런데 무인점포에는 치명적인 단점 역시 존재해요. 바로 ***절도**에 취약하다는 점이에요. 실제로 무인점포에서 절도가 일어난 후에 CCTV를 점주가 확인해도 쉽게 영상을 공개해 범인을 잡을 수가 없어요. 그렇다고 24시간 CCTV를 살펴볼 수도 없기에 절도에 취약할 수밖에 없지요. 무인점포에는 이 밖에도 어려운 ***매장** 관리, 안전 문제 발생 시 늦어질 수밖에 없는 **대처** 등의 여러 단점이 있어요.

오늘날 전국에 10만여 곳 이상으로 늘어나고 있는 무인점포에 대한 적절한 관리 및 대처가 필요한 시점이라 할 수 있어요. 예기치 않은 절도 및 파손의 예방을 위해 많은 이가 고민하고 있는 상황이랍니다.

더 궁금하다면?

* **점포**(가게 점店, 가게 포鋪): 물건을 늘어놓고 파는 가게.
* **절도**(훔칠 절竊, 훔칠 도盜): 남의 물건과 자산을 몰래 훔침.
* **매장**(팔 매賣, 마당 장場): 물건을 파는 곳.

이 기사가 마음에 든 만큼 '엄지척'을 색칠해 주세요!

순냥이는 이 단어가 궁금해!

신문에 나온 주요 단어들을 알아보자! 단어의 정확한 뜻을 알면 기사 읽기가 훨씬 쉬워져!

무인	없을 무無 + 사람 인人 사람(人)이 없거나(無) 살지 않음.
계산	셀 계計 + 셀 산算 수를 헤아리거나(計=算) 값을 치름.
대처	대할 대對 + 처리할 처處 어떤 일에 대하여(對) 알맞게 처리함(處).

순냥이와 단어 퀴즈 고고!

빈칸에 들어갈 알맞은 단어를 선으로 이어 봐! 이 정도는 할 수 있겠지?

- CCTV만 달아 놓고 사람은 없는 ________ 점포가 늘어나고 있어요. • • 무인
- 응급 상황에서는 신속하고 침착하게 ________ 해야 해요. • • 계산
- 요즘에는 테이블에 앉아서 주문과 ________ 을 할 수 있는 식당들이 많아요. • • 대처

순냥이와 생각을 나누자!

- 만약 무인점포에서 계산 실수가 일어난다면 의도적인지 실수인지 어떻게 구분할 수 있을까요?
- 무인점포가 도난을 막기 위해 경찰에게 계속적인 순찰을 부탁한다면 경찰은 꼭 와야 할까요, 말아야 할까요?

순냥이와 함께 배우는 오늘의 어휘력!

성어 **소탐대실**	작을 소小 + 탐낼 탐貪 + 큰 대大 + 잃을 실失
	작은(小) 것을 탐하다가(貪) 큰(大) 것을 잃음(失).
	예 당장의 이익만을 위해 행동하는 **소탐대실**의 모습을 삼가야 한다.

소탐대실이란?

'소탐대실'은 작은 이익을 탐하다가 오히려 큰 손해를 보게 되는 어리석은 모습을 가리켜요. 작은 나무만 바라보다 숲 전체를 놓치듯 눈앞의 이익만을 좇다 더 중요한 것을 잃는 모습을 뜻하지요. 예를 들어 친구에게 재미 삼아 심한 장난을 치다가 오히려 우정을 놓칠 수 있어요. 또 친구와의 게임에서 이기는 것에만 신경 쓰다 다투게 되어 오히려 사이가 나빠지는 상황도 나타날 수 있답니다. 이러한 상황 모두 소탐대실의 상황이라 할 수 있어요. 그렇기에 소탐대실이 되지 않도록 무엇이 더 중요한 것인지 가릴 수 있는 현명함을 갖추는 것이 중요해요.

순냥이와 함께하는 신문 체크! 체크!

신문의 내용을 잘 떠올리며 풀어 보자. 기사를 더 깊이 이해하게 될 거야!

1. 신문의 주요 내용이 무엇인지 빈칸에 알맞은 말을 넣어 완성해 보자.

늘어나는 ☐☐ 점포의 장점과 단점

2. 신문 내용이 알맞으면 O, 틀리면 X를 해 보자.

- 최근 무인점포에서 절도 사건이 일어나고 있어요. (　　　)
- 무인점포에는 점원이 없어 인건비를 절약할 수 있어요. (　　　)
- 무인점포에 CCTV만 두면 절도가 일어나지 않아요. (　　　)

3. 밑줄에 알맞은 말을 써 보자.

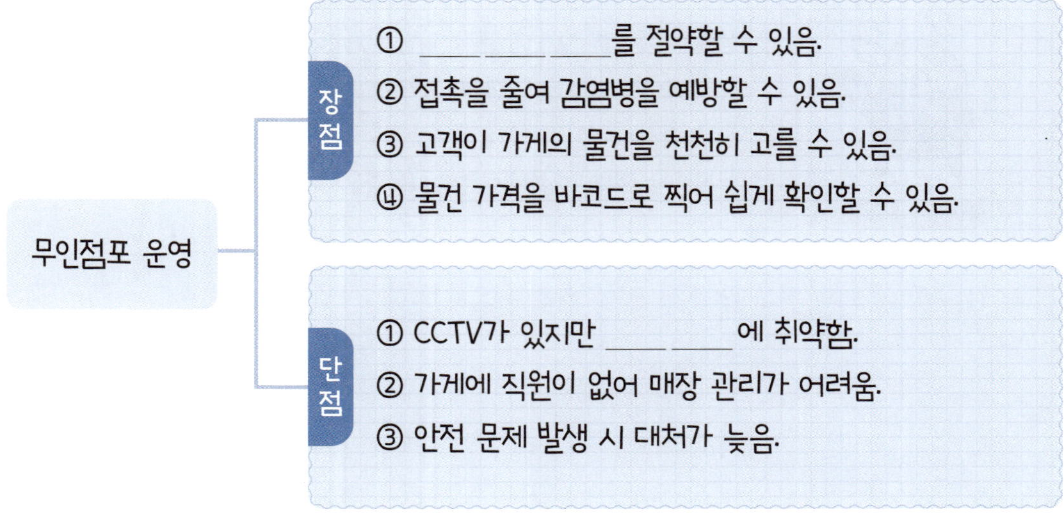

무인점포 운영

장점
① ___ ___ ___를 절약할 수 있음.
② 접촉을 줄여 감염병을 예방할 수 있음.
③ 고객이 가게의 물건을 천천히 고를 수 있음.
④ 물건 가격을 바코드로 찍어 쉽게 확인할 수 있음.

단점
① CCTV가 있지만 ___ ___에 취약함.
② 가게에 직원이 없어 매장 관리가 어려움.
③ 안전 문제 발생 시 대처가 늦음.

4. 신문의 내용을 한 문장으로 정리해 보자.

☐☐ 점포는 ☐☐이 없어 인건비를 절약할 수 있지만, ☐☐와 안전 문제에 취약하기도 해요.

토론을 좋아하는 뜨감이와 고구미는 네 생각이 궁금해!

046쪽의 신문은 인공 지능에 관한 기사였어. 빠르게 발전하는 인공 지능은 우리를 편리하게 하기도 하지만 한편 우리에게 위협이 될 수도 있다고 해. 그래서 어떤 이들은 인공 지능 개발을 멈춰야 한다고 하는데 이 문제에 대한 친구들의 생각을 들려줘!

인류를 위해 인공 지능 개발을 계속 해야 한다!

인류에게 해가 될 수 있는 인공 지능 개발을 멈춰야 한다!

❶ 주장	❷ 근거	❸ 예시나 해결 방법	❹ 의견 강조
스스로 생각한 나의 주장을 써요.	다른 사람을 설득할 수 있어야 해요.	주변에서 적절한 예를 찾아보아요.	앞서 말한 생각을 한번 더 강조해요.

뜨감이의 생각

[1]나는 인공 지능 개발을 멈춰야 한다고 생각해. [2]왜냐하면 인공 지능이 뛰어난 기술인 것은 맞지만, 그 기술이 저작권 침해나 가치관에 따라 범죄, 전쟁과 같은 나쁜 일에 활용될 수도 있기 때문이야. [3]예를 들어 어떤 이미지를 지브리 그림체로 만들고 싶을 때 챗GPT를 이용한다면 손쉽게 만들 수 있지만, 그 과정에서 지브리의 창작자 권리를 침해할 수도 있어. [4]따라서 얻을 수 있는 장점보다 단점이 많은 인공 지능 활용은 아직 조금 이르다고 생각해.

방울이는 창의 가득한 생각 열매를 좋아해!

054쪽의 신문을 읽어 보면 전통문화인 소싸움을 동물 학대로 보는 사람도 있다는 것을 알 수 있어. 내가 만약 소싸움 대회에 나가는 싸움소의 주인이라고 생각하며 기자와 인터뷰해 보자.

기자: 안녕하세요? 반갑습니다. 다락원 뉴스 이겨라 기자입니다. 먼저 기르신 싸움소와 함께 대회에 출전하시게 된 계기가 무엇인지 여쭤보고 싶습니다.

싸움소 주인:

기자: 그렇군요. 그럼 간단히 소싸움 대회가 가진 매력과 가치를 소개해 주실 수 있을까요?

싸움소 주인:

기자: 최근 여러 지역에서 이루어지고 있는 소싸움 대회에 대해 동물 학대라며 우려하고 있는 일반 시민들이 많습니다. 이에 대한 생각도 여쭤보고 싶습니다.

싸움소 주인:

***용돈**을 조금씩 모아 어려운 이웃을 위해 **기부**하자고 한다면 선뜻 그럴 수 있을까요? 조금 망설여지는 것이 당연하겠지만 흔쾌히 어려운 이웃을 위해 모았던 용돈을 내놓았던 한 학생이 있어요. 바로 강원특별자치도 동해시에 사는 초등학생 전두호 군이에요. 전두호 군은 조금씩 모았던 용돈으로 갖고 싶은 물건을 살 수도 있었지만 그렇게 하지 않았어요. 심한 ***폭염**으로 고생했던 자신의 기억을 떠올리며 더운 여름에 제대로 된 선풍기가 없어 고생하는 이웃을 생각했어요. 그래서 용돈으로 선풍기를 기부하기로 결심하였답니다. 그렇게 전두호 군은 약 50만 원어치의 선풍기 10대를 마련해 북삼동 행정복지센터에 기부하였어요.

어려운 이웃을 위해 선풍기를 활용해 달라는 전두호 군의 따뜻한 부탁에 북삼동 행정복지센터에서는 고마움을 나타냈어요. 그리고 곧 폭염 ***취약** 가구, 고장 나거나 낡은 선풍기를 가지고 있는 저소득 가구에 기부받은 선풍기를 전달하였지요. 전두호 군의 따뜻한 기부를 옆에서 지켜본 북삼동장은 "폭염으로 인해 힘들게 여름을 나실 취약 계층 주민들이 걱정이었는데 소중히 모은 용돈으로 선풍기를 기부한 그 따뜻한 마음에 몹시 **감명**받았습니다."라고 말했어요.

이러한 아름다운 기부의 이야기는 오늘날 신문과 SNS 등을 타고 따뜻한 기부의 **도미노 효과**를 일으킬 때가 많아요. 한 사람의 선행이 다른 이들의 마음을 움직여 **릴레이** 기부를 만들어 내기도 하지요. 자신만을 위해서 사는 것이 아닌, 나보다 어려운 이웃을 먼저 생각하는 따뜻한 마음이 많은 이들에게 따스한 울림을 주고 있답니다.

- * **용돈**(쓸 용用, 돈): 개인이 자유롭게 쓸 수 있는 돈.
- * **폭염**(사나울 폭暴, 불꽃 염炎): 사나운 불꽃처럼 뜨거운 무더위.
- * **취약**(무를 취脆, 약할 약弱): 무르고 약함.

이 기사가 마음에 든 만큼 '엄지척'을 색칠해 주세요!

순냥이는 이 단어가 궁금해!

신문에 나온 주요 단어들을 알아보자! 단어의 정확한 뜻을 알면 기사 읽기가 훨씬 쉬워져!

기부	**줄 기**寄 + **더할 부**附 돈이나 물건 등을 대가 없이 주어(寄) 보탬이(附) 되게 함.
감명	**느낄 감**感 + **새길 명**銘 깊이 느끼어(感) 마음에 새김(銘).
릴레이	**릴레이**(Relay: 전달하다, 계주) 어떤 일을 여러 사람이 이어받고 넘겨주며 완수하는 방식.

순냥이와 단어 퀴즈 고고!

위에서 배운 단어들을 빈칸에 넣어 봐! 이 정도는 할 수 있겠지?

1. 김밥집 할머니께서 평생을 일하며 모으신 돈을 학교에 ☐☐ 하셨어요.

2. 어려운 이들을 돕다 돌아가신 이태석 신부의 이야기에 깊은 ☐☐ 을 받았어요.

3. ☐☐☐ 경주에서 세 번째 주자로 열심히 뛰었어요.

순냥이와 생각을 나누자!

- 자신의 힘으로 다른 사람을 도와주었던 경험이 있나요?
- 어려운 이웃을 위해 나눔과 봉사를 실천했던 인물을 알고 있나요?

시사 용어 **도미노 효과**	**도미노**(Domino: 패를 넘어뜨리는 게임) + **보람 효**效 + **결과 과**果
	도미노 패가 연이어 넘어지듯 한 가지 일이 시작되면 그 일 때문에 다른 일들이 차례차례 일어나는 것.
	예 1인 시위로 시작된 환경 보호 캠페인이 도미노 효과를 일으켜 전국 각지로 퍼졌다.

도미노 효과란?

도미노 패를 좁은 간격으로 한 줄로 늘여 세우면 마치 기찻길처럼 기다란 선을 만들 수 있어요. 그렇게 만들어진 모양의 첫 번째 도미노를 넘어트리게 되면 연이어 넘어지는 모습을 관찰할 수 있지요. 차례대로 넘어지면서 마치 파도타기처럼 모든 도미노가 넘어지는 신기한 모습을 만날 수 있답니다. '도미노 효과'라는 말은 여기에서 비롯되었어요. 도미노 패가 연이어 넘어지듯 어떤 현상이 이웃 지역으로 퍼지는 현상을 가리키지요. 예컨대 어떤 좋은 움직임이 바로 옆 가까운 곳으로 확산된다면 "도미노 효과가 일어난다."라고 말할 수 있어요.

순냥이와 함께하는 신문 체크! 체크!

신문의 내용을 잘 떠올리며 풀어 보자. 기사를 더 깊이 이해하게 될 거야!

1. 신문의 주요 내용이 무엇인지 빈칸에 알맞은 말을 넣어 완성해 보자.

☐☐을 조금씩 모아 선풍기를 ☐☐한 초등학생

2. 신문 내용이 알맞으면 O, 틀리면 X를 해 보자.

- 전두호 학생은 용돈을 모아 갖고 싶던 물건을 먼저 샀어요. (   )
- 더운 여름에 제대로 된 선풍기가 없어 고생하는 가정이 있어요. (   )
- 선풍기를 기부받은 북삼동 행정복지센터에서 고마움을 표현했어요. (   )

3. 밑줄에 알맞은 말을 써 보자.

용돈을 모아 ___ ___ ___를 기부한 한 초등학생	· 폭염 취약 가구와 저소득 가구 등 어려운 ___ ___에게 선풍기가 전달됨. · 어려운 이웃을 먼저 생각한 따뜻한 마음에 감동받은 사람들이 많음.

4. 밑줄에 아래 단어를 넣어 신문의 내용을 한 문장으로 정리해 보자.

선풍기　　기부　　초등학생　　이웃

조금씩 용돈을 모아 산 ___ ___ ___를 어려운 ___ ___에게 ___ ___한 한 ___ ___ ___ ___의 행동이 많은 사람에게 따뜻한 감동을 주었어요.

2024년 8월, 인천에서 몽골 울란바토르로 향하던 한 비행기 안에서 무언가 이상한 조짐이 나타났어요. 조금씩 기체가 흔들리기 시작하더니 이내 아래쪽으로 급격히 내려앉기 시작했지요. 그 영향으로 ***기내식**이 다 쏟아지고 일부 승객과 승무원이 다치는 등 큰 혼란이 일어났어요. 빠른 속력의 비행기가 **난기류**를 만나 약 15초 동안 ***급하강**하여 일어난 일이었답니다. 만약 뜨거운 음료나 컵라면을 먹고 있는 이가 있었더라면 큰 **화상**을 당할 뻔한 위험한 순간이었어요.

이러한 난기류 현상은 우리나라뿐만 아니라 전 세계 여러 곳에서 나타나고 있어요. **기후** 변화로 인해 최근 그 횟수가 증가하고 강도도 더 커지고 있지요. 결국 그동안 기내에서 먹던 컵라면이나 뜨거운 커피와 차의 제공을 중단하기 시작한 항공사도 나타났어요. '**한번 엎지른 물은 주워 담지 못한다.**'라는 말처럼 난기류를 만났을 때 뜨거운 국물이나 음료가 쏟아져 생기는 화상의 위험은 다시 없던 일로 되돌릴 수 없기 때문이었죠.

국토교통부에 따르면 2024년 1분기 우리나라 국적을 가진 항공사가 전 세계에서 만난 난기류는 약 6천 건이었어요. 이는 2023년 1분기와 비교했을 때 약 2배 가까이 증가한 횟수인데, 국토교통부도 이에 따라 뜨거운 국물이 있는 컵라면이나 차 등의 제공을 중단하기를 ***권고**했어요. 하지만 강제적인 권고는 아니라서 여전히 항공사에 따라 컵라면과 커피, 차 등의 서비스를 제공하는 모습이 이어지고 있는 상황이에요. 난기류 증가에 따른 위험 대비와 기내식 서비스의 편의성 사이에서 신중한 판단이 필요한 시점이랍니다.

더 궁금하다면?

* **기내식**(틀 기機, 안 내內, 밥 식食): 비행기 안에서 제공되는 식사, 음료수 등을 이르는 말.
* **급하강**(급할 급急, 아래 하下, 내릴 강降): 높은 데서 낮은 데로 급하게 내려옴.
* **권고**(권할 권勸, 알릴 고告): 어떤 일을 하도록 권하고 알려 줌. 또는 그런 말.

순냥이는 이 단어가 궁금해!

신문에 나온 주요 단어들을 알아보자! 단어의 정확한 뜻을 알면 기사 읽기가 훨씬 쉬워져!

난기류	어지러울 난亂 + 공기 기氣 + 흐를 류流 대기 중에서 일어나는 어지러운(亂) 공기(氣)의 흐름(流).
화상	불 화火 + 다칠 상傷 불(火)로 인한 뜨거운 열에 피부가 데여 다침(傷).
기후	기후 기氣 + 기후 후候 일정 지역에서 여러 해에 걸쳐 나타난 비, 눈, 바람 등의 평균 상태(氣=候).

순냥이와 단어 퀴즈 고고!

빈칸에 들어갈 알맞은 단어를 선으로 이어 봐! 이 정도는 할 수 있겠지?

- 라면을 끓이다가 냄비를 쳐 (   )을 당할 뻔 했어요. • • 난기류
- 비행기가 (   )를 만나 심하게 흔들렸어요. • • 화상
- 그 나라의 (   )는 농사짓기에 딱 좋아요. • • 기후

순냥이와 생각을 나누자!

- 비행기에서 컵라면을 먹어야 한다면 어떤 방법이 가장 안전할까요?
- 비행기에서 난기류를 만난 적이 있었다면 그때의 상황을 이야기해 보세요.

순냥이와 함께 배우는 오늘의 어휘력!

속담 한번 엎지른 물은 주워 담지 못한다

한번 저지른 잘못은 다시 되돌릴 수 없다는 뜻.

예 한번 엎지른 물은 주워 담을 수 없으니 철저히 준비해서 실수하지 않는 것이 좋다.

한번 엎지른 물은 주워 담지 못한다란?

물을 담은 양동이를 들고 가다 실수로 누군가와 부딪친다면 어떻게 될까요? 아마 그 안에 있던 물은 이내 바닥으로 쏟아지고 말 거예요. 그렇게 쏟아진 물은 이제 다시 손으로 모아 양동이에 담으려 해도 주워 담기가 어려울 테고요. 그것이 차가운 물이든 뜨거운 물이든 이미 쏟아져 버린 이상 다시 원래대로 돌이키기는 힘들 것이랍니다.

이렇듯 어떤 잘못을 이미 저질러 원래대로 돌이키기 힘든 경우가 있어요. 누군가에게 말로 상처를 주는 경우나 해야 할 일을 계속 미루어 결국 좋지 않은 결과를 받아들여야 하는 경우처럼 말이죠. 살아가면서 다시 되돌리기 어려운 잘못을 하지 않도록 조심해야 하는 이유랍니다.

순냥이와 쓱싹쓱싹 쓰다 보면 어휘력 급상승!

'한번 엎지른 물은 주워 담지 못한다'가 들어간 문장을 또박또박 바르게 따라 써 봐. 손에도 익고 입에도 착 붙을 거야!

한번 엎지른 물을 다시 주워 담지 못하듯 다른 사람에게 한 번 내뱉은 말은 다시 되돌릴 수 없어요.

순냥이와 함께하는 신문 체크! 체크!

신문의 내용을 잘 떠올리며 풀어 보자. 기사를 더 깊이 이해하게 될 거야!

1. 신문의 주요 내용이 무엇인지 빈칸에 알맞은 말을 넣어 완성해 보자.

기후 변화로 인한 난기류로 사라지는 ☐☐☐ 기내식

2. 신문 내용이 알맞으면 O, 틀리면 X를 해 보자.

- 난기류를 만나면 비행기가 흔들리며 혼란이 발생하곤 해요. (　　　)
- 뜨거운 국물이나 음료를 쏟게 되면 화상의 위험이 있어요. (　　　)
- 기후 변화로 인해 난기류의 횟수가 감소하고 있어요. (　　　)

3. 밑줄에 알맞은 말을 써 보자.

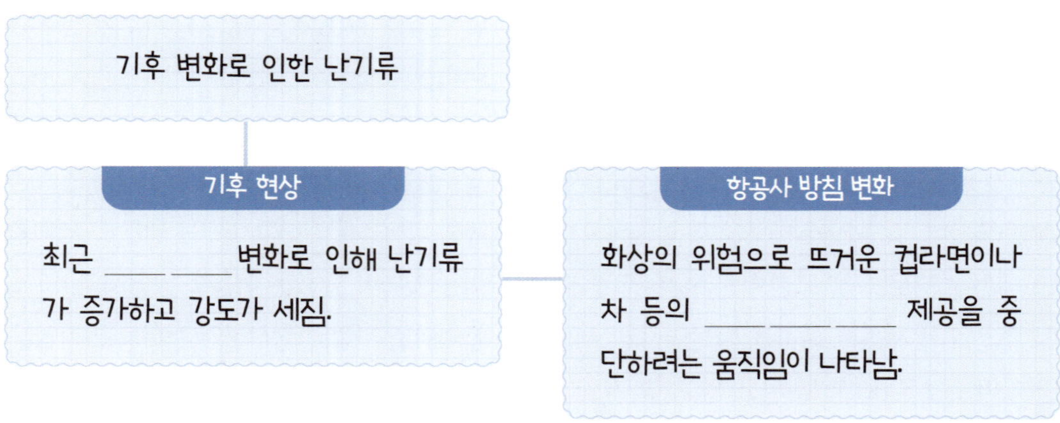

4. 신문의 내용을 한 문장으로 정리해 보자.

기후 변화로 인한 ☐☐☐ 증가로, 비행기에서의 위험을 줄이기 위해 컵라면과 뜨거운 음료 등의 ☐☐☐ 제공을 중단하려는 움직임이 나타나고 있어요.

징검다리 연휴 대신 요일제 공휴일은 어떨까?

어린이가 주인공이 되는 날, '어린이날'은 매년 5월 5일에 찾아오는 **공휴일**이에요. 많은 어린이의 웃음소리를 곳곳에서 들을 수 있는 날이지요. 국가가 정해서 다 함께 쉬는 날인 이러한 공휴일은 3월 1일에 쉬는 '삼일절', 6월 6일에 쉬는 '현충일' 처럼 여러 날이 있어요.

그런데 최근 이러한 공휴일을 지금까지의 특정 날짜가 아닌 특정한 요일로 지정하는 '요일제 공휴일' **도입**의 의견이 등장해 시선이 집중되고 있어요. 예컨대 ***기존** '5월 5일' 어린이날을 '5월 첫 번째 월요일'로 새롭게 옮기는 방식이지요. 새로운 안에 따르면 '**더도 말고 덜도 말고 늘 가윗날만 같아라**.'라는 속담이 전해지는 추석도 그동안의 '음력 8월 15일'이 아니라 '특정한 요일'로 새롭게 정할 수 있게 돼요.

이 요일제 공휴일에 대한 논의는 징검다리 ***연휴**의 불편함을 피하고자 시작되었어요. 공휴일이 화요일이나 수요일일 경우, 주말을 쉬고 건너뛴 다음 연휴가 이어지게 되는데 그러한 흐름을 피하고자 ***제기**된 방식이에요. 본래 날짜 근처의 월요일이나 금요일 같은 특정 요일로 바꾸어 연휴가 계속 이어질 수 있도록 하는 안이지요.

하지만 이에 대해 반대의 의견도 만만치 않아요. 연휴의 **효율성**을 위해 본래 정해진 기념일 날짜의 의미를 무시하고 바꾸는 것은 그 의미를 저버리는 것이라 말하는 이들도 많답니다. 또 휴일이 늘어나면 기업의 생산성이 저하되고 기업을 운영하는 데 더 큰 비용이 들어간다고 지적하는 이들도 많은 상황이에요.

더 궁금하다면?

요일제 공휴일의 개념을 영상으로 확인해 보세요.

* **기존**(이미 기旣, 있을 존存): 이미 존재함.
* **연휴**(이을 연連, 쉴 휴休): 이틀 이상 연이어 계속되는 휴일.
* **제기**(들 제提, 일어날 기起): 드러내어 문제를 일으킴.

이 기사가 마음에 든 만큼 '엄지척'을 색칠해 주세요!

신문에 나온 주요 단어들을 알아보자! 단어의 정확한 뜻을 알면 기사 읽기가 훨씬 쉬워져!

공휴일	여럿 공公 + 쉴 휴休 + 날 일日
	여러(公) 사람에게 널리 알려 쉬기로(休) 정한 날(日).
도입	이끌 도導 + 들 입入
	기술, 방법 등을 끌어(導) 들임(入).
효율성	효과 효效 + 비율 율率 + 성질 성性
	들인 노력에 비해 나타나는 효과(效)의 비율(率)이 높은 성질(性).

위에서 배운 단어들을 빈칸에 넣어 봐! 이 정도는 할 수 있겠지?

1. ☐☐☐을 맞아 축제를 즐기러 오는 사람들이 많았어요.

2. 공정한 축구 경기를 위해 VAR(비디오 보조 심판)이 ☐☐되었어요.

3. 적은 힘으로 큰 성과를 거둘 때 "☐☐☐이 높다."라고 말해요.

- 특정한 요일에 공휴일이 지정된다면 어떤 장단점이 있을까요?
- 날짜가 이름인 '삼일절'이나 음력을 따르는 '추석'과 같은 날을 요일제 공휴일로 바꾼다면 본래의 의미가 잘 전달될 수 있을까요?

순냥이와 함께 배우는 오늘의 어휘력!

속담 더도 말고 덜도 말고 늘 가윗날만 같아라

가윗날처럼 잘 먹고 잘 입으며 편히 살기를 바라는 마음이 담긴 말.

예 '더도 말고 덜도 말고 늘 가윗날만 같아라.'라는 속담은 추석을 떠올리게 한다.

더도 말고 덜도 말고 늘 가윗날만 같아라란?

매년 음력 8월 15일에 찾아오는 추석은 '한가위', '가윗날'이라고도 부르는 명절이에요. 예로부터 풍요로운 수확을 상징해 온 대표적 명절이지요. 이날은 풍성한 분위기로 서로 따뜻한 마음을 나누곤 한답니다. '더도 말고 덜도 말고 늘 가윗날만 같아라.'란 속담에는 이 추석날처럼 잘 먹고 잘 입으며 편히 살기를 바라는 마음이 담겨 있다고 할 수 있어요. 음력 8월에 뜬 보름달을 바라보며 같은 마음으로 소원을 비는 것 또한 추석에 만날 수 있는 정겨운 모습이랍니다.

▲ 추석날에 뜬 보름달

순냥이와 쓱싹쓱싹 쓰다 보면 어휘력 급상승!

'더도 말고 덜도 말고 늘 가윗날만 같아라'가 들어간 문장을 또박또박 바르게 따라 써 봐. 손에도 익고 입에도 착 붙을 거야!

'	더	도		말	고		덜	도		말	고		늘		가
윗	날	만		같	아	라	. '	라	는		말	처	럼		추
석	은		풍	요	로	운		명	절	이	에	요	.		

순냥이와 함께하는 신문 체크! 체크!

신문의 내용을 잘 떠올리며 풀어 보자. 기사를 더 깊이 이해하게 될 거야!

1. 신문의 주요 내용이 무엇인지 빈칸에 알맞은 말을 넣어 완성해 보자.

징검다리 연휴 불편으로 제기된 ☐☐☐ 공휴일 도입 의견

2. 신문 내용이 알맞으면 O, 틀리면 X를 해 보자.

- 공휴일은 국가가 정해서 다 함께 쉬는 날이에요. (　　　)
- 요일제 공휴일의 방식은 특정 날짜에 공휴일을 지정하는 방식이에요. (　　　)
- 요일제 공휴일의 논의는 징검다리 연휴 때문에 시작되었어요. (　　　)

3. 밑줄에 알맞은 말을 써 보자.

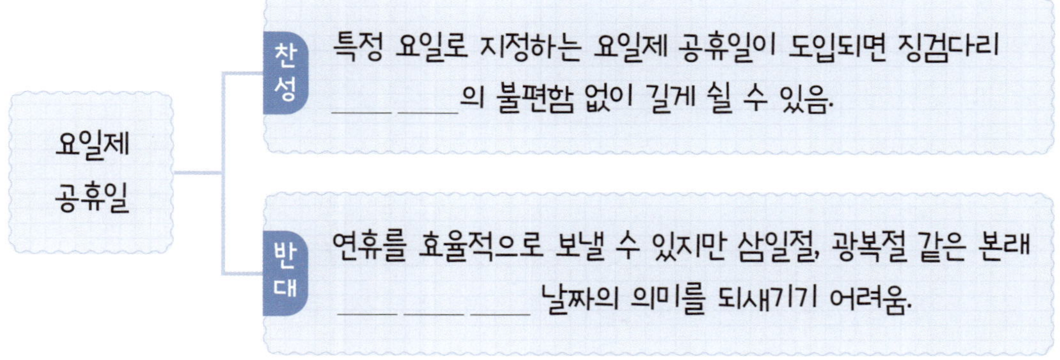

요일제 공휴일

찬성: 특정 요일로 지정하는 요일제 공휴일이 도입되면 징검다리 ___ ___의 불편함 없이 길게 쉴 수 있음.

반대: 연휴를 효율적으로 보낼 수 있지만 삼일절, 광복절 같은 본래 ___ ___ ___ 날짜의 의미를 되새기기 어려움.

4. 밑줄에 아래 단어를 넣어 신문의 내용을 한 문장으로 정리해 보자.

공휴일　　연휴　　요일　　의미

___ ___ ___을 특정 날짜가 아닌 특정 ___ ___로 지정하는 '요일제 공휴일'이 도입되면 ___ ___를 효율적으로 보낼 수 있게 되지만 기념일의 ___ ___를 되새기기 어려울 수 있어 더 논의가 필요한 상황이에요.

뭉치면 사는 게 아니라 피해를 준다고요?

오늘날 사람들은 *여가 시간에 여러 종류의 취미를 즐겨요. 그중 달리기는 큰 준비물 없이 시도하기 쉽고 운동 효과도 뛰어나 많은 사람이 즐기는 취미예요. 최근에는 특히 젊은 세대 사이에서 큰 인기를 끌고 있어 사회적으로 큰 관심을 받고 있답니다. 공원이나 운동장 등에서 여럿이 함께 모여 뛰는, 이른바 '러닝 크루(running crew)'를 목격하는 것이 매우 쉬워졌어요.

러닝 크루는 '달리기'를 뜻하는 '러닝(running)'과 '무리'를 뜻하는 '크루(crew)'가 만나 합쳐진 말로, 여럿이 무리를 지어 달리는 달리기 모임을 가리키는 말이에요. 최근의 러닝 크루는 적게는 4~5인에서 많게는 20명 내외의 사람들이 일정한 *시각에 만나 함께 달리는 형태가 많아요. 유유상종의 모습으로 함께 즐기는 취미가 유행이 된 것이죠.

그런데 최근 일부 러닝 크루가 다른 시민들에게 피해를 주고 있어 이에 대한 논란이 일어나고 있어요. 사실 러닝 크루는 여럿이 함께 달리며 *친목을 쌓고 건강도 챙긴다는 큰 장점을 갖고 있어요. 하지만 코로나19 이후 야외에서 모여 달리는 인원이 많아지며 주변에 피해를 주는 일이 종종 발생하고 있답니다. 좁은 산책로의 경우 러닝 크루의 인원이 많을 때 부딪힐 수 있는 위험이 있고, 일부 인원이 늦은 밤에 음악을 크게 틀고 달린다든지, 시민들에게 비켜 달라며 고함을 지르는 경우 등이 있어 새로운 문제로 있어요.

이에 일부 지자체에서는 5인 이상 달리기 금지, 3인 이상 자제 등과 같은 규제책을 도입하기도 했어요. 더불어 올바른 러닝 에티켓을 전파하는 등 여러 노력을 기울이고 있어 앞으로의 변화가 기대되고 있는 상황이에요.

더 궁금하다면?

- *여가(남을 여餘, 겨를 가暇): 시간이 남아 한가로운 시간.
- *시각(때 시時, 새길 각刻): 마치 어떤 것을 새기듯 때를 나타낸 시간의 어느 한 시점.
- *친목(친할 친親, 화목할 목睦): 서로 친하여 화목함.

이 기사가 마음에 든 만큼 '엄지척'을 색칠해 주세요!

순냥이는 이 단어가 궁금해!

신문에 나온 주요 단어들을 알아보자! 단어의 정확한 뜻을 알면 기사 읽기가 훨씬 쉬워져!

취미	뜻 취趣 + 맛 미味
	좋아하는 뜻(趣)을 갖고 즐기기 위하여 하는(味) 일.
유행	흐를 유流 + 행할 행行
	어떤 현상 등이 한동안 사회 곳곳으로 흘러(流) 널리 퍼지며 행해짐(行).
야외	들 야野 + 바깥 외外
	들(野) 또는 집의 바깥(外).

순냥이와 단어 퀴즈 고고!

위에서 배운 단어들을 빈칸에 넣어 봐! 이 정도는 할 수 있겠지?

1. 나의 새로운 [ ][ ]는 독서와 영화 보기예요.

2. 친구들과 최근에 [ ][ ]하는 노래를 신나게 불렀어요.

3. 이모는 실내 결혼식이 아닌 [ ][ ] 결혼식을 하셨어요.

순냥이와 생각을 나누자!

- 혼자 아닌 여럿이 함께 달릴 때 얻을 수 있는 장점에는 무엇이 있을까요?
- 러닝 크루가 사람들에게 불편을 주는 경우는 어떤 경우일까요?

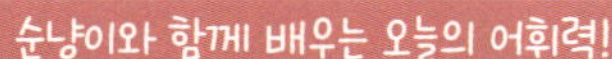

성어 **유유상종**	무리 유類 + 무리 유類 + 서로 상相 + 좇을 종從
	같은 무리(類)끼리 서로(相) 따르고 좇음(從).
	예 유유상종이라더니 미술을 좋아하는 친구끼리 만났다.

유유상종이란?

학교에서 친구들과 지내다 보면 친구마다 좋아하고 싫어하는 것이 다르다는 것을 느낄 수 있어요. 그리고 나와 비슷한 취향을 가진 친구를 만나면 어쩌 대화도 잘 더 통하는 것 같다고 생각하게 되지요. '유유상종'은 이처럼 마음에 맞는 비슷한 무리끼리 함께 어울려 사귐을 뜻해요. 좋아하는 음식, 즐겨 듣는 음악 등이 겹칠 때 마음이 잘 통하는 것처럼 무언가를 함께하며 서로 힘이 되는 무리를 뜻하지요. 같은 종의 새들이 함께 무리를 지어 살아가듯 비슷한 생각을 하는 사람끼리 함께 모여 활동하는 모습을 나타낸답니다.

순냥이와 쓱싹쓱싹 쓰다 보면 어휘력 급상승!

'유유상종'이 들어간 문장을 또박또박 바르게 따라 써 봐. 손에도 익고 입에도 착 붙을 거야!

유유상종이라고 하더니 너희 둘
은 좋아하는 것도 비슷하구나!

순냥이와 함께하는 신문 체크! 체크!

신문의 내용을 잘 떠올리며 풀어 보자. 기사를 더 깊이 이해하게 될 거야!

1. 신문의 주요 내용이 무엇인지 빈칸에 알맞은 말을 넣어 완성해 보자.

러닝 크루의 ☐☐으로 생긴 장점과 단점

2. 신문 내용이 알맞으면 O, 틀리면 X를 해 보자.

- 달리기는 필요한 준비물이 많지만, 운동 효과가 좋은 운동이에요. (　　　)
- 러닝 크루는 여럿이 무리를 지어 달리는 달리기 모임을 뜻해요. (　　　)
- 좁은 산책로에서 이루어지는 여러 인원의 러닝 크루 활동은 위험할 수 있어요. (　　　)

3. 밑줄에 알맞은 말을 써 보자.

러닝 크루의 유행

장점

큰 준비물 없이 쉽게 시도할 수 있고 여럿이 친목을 다지며 ____ ____을 챙길 수 있음.

단점

야외에 모여 함께 달려 다른 사람에게 ____ ____를 주는 경우가 종종 발생하고 있음.

4. 신문의 내용을 한 문장으로 정리해 보자.

러닝 크루는 건강과 ☐☐을 위한 좋은 모임이지만, 일부의 지나친 행동이 주변 사람들에게 ☐☐를 주는 경우가 종종 발생하고 있어요.

아이들이 뛰노는 학교가 점점 사라진다!

운동장에서 뛰어노는 아이들의 소리로 가득해야 할 초등학교에 적막한 고요함이 흐르고 있었어요. 더 이상 학생들이 없는 학교는 허전함만이 느껴질 뿐이었죠. 2025년 2월 기준, 새 학기가 시작되기 전 전국에서 **폐교**가 이루어진 학교는 모두 49곳이에요. 그중 초등학교는 38곳으로, 전남 10곳, 충남 9곳, 강원 7곳 등 여러 지역에 걸쳐 폐교가 많이 이루어졌어요. 폐교가 아니더라도 입학생이 단 1명조차 없었던 곳도 총 112곳이나 되었답니다.

그동안 전국에 폐교된 초·중·고등학교 수를 합하면 무려 4,000여 곳에 달해요. 지역의 역사이자 ***상징**이기도 한 학교가 폐교되어 아예 사라져 버린 것이죠. 이러한 현상이 나타나는 주된 원인은 **저출산**으로 인한 ***학령** 인구의 **감소**예요. 우리나라는 2025년 기준, ***출산율**이 약 0.7명으로 세계에서 가장 낮은 상황이에요. 우리 사회의 미래를 위해서 하루빨리 **개선**되어야 할 문제라 할 수 있지요.

그런데 이러한 폐교 현상은 오늘날 농촌과 어촌, 산지촌뿐 아니라 인구가 많은 도시에서도 찾아볼 수 있어요. 가장 큰 도시인 서울에서도 2020년 2곳, 2023년 1곳, 2024년 3곳의 학교가 폐교되었답니다. 부산광역시와 대구광역시에서도 2025년 각각 2곳, 1곳이 폐교되었지요. 그렇다면 인구가 많은 도시에서의 폐교 원인은 무엇일까요? 그 원인은 비단 저출산 하나만은 아니에요. 더 저렴한 집값, 더 나은 교육 환경을 찾아 이동하고자 하는 욕구 등이 더해져 학생 수 감소로 폐교되는 경우도 있답니다.

더 궁금하다면?

* **상징**(모양 상象, 밝힐 징徵): 막연하고 일반적인 개념 등을 구체적인 사물로 그 의미를 밝혀 나타냄.
* **학령**(배울 학學, 나이 령齡): 초등학교에 들어가야 할 나이.
* **출산율**(날 출出, 낳을 산産, 비율 율率): 여성 1명이 평생 낳을 것으로 예상되는 평균 출생아의 비율.

이 기사가 마음에 든 만큼 '엄지척'을 색칠해 주세요!

순냥이는 이 단어가 궁금해!

신문에 나온 주요 단어들을 알아보자! 단어의 정확한 뜻을 알면 기사 읽기가 훨씬 쉬워져!

폐교	그만둘 폐廢 + 학교 교校 학교(校)의 운영을 그만두어(廢) 문을 닫거나 혹은 그렇게 된 학교.
감소	덜 감減 + 적을 소少 줄어서(減) 적어짐(少).
개선	고칠 개改 + 좋을 선善 잘못된 점을 고쳐서(改) 좋게(善) 함.

순냥이와 단어 퀴즈 고고!

빈칸에 들어갈 알맞은 단어를 선으로 이어 봐! 이 정도는 할 수 있겠지?

- 학령 인구가 ( ) 하면 나라에 여러 문제가 나타나요. • • 폐교
- 저출산 문제를 ( ) 하기 위해서는 국가와 개인 모두가 노력해야 해요. • • 감소
- 학생 수 감소로 ( ) 되는 학교가 늘고 있어요. • • 개선

순냥이와 생각을 나누자!

- 저출산 현상이 점점 더 심해지면 우리 사회에는 어떠한 변화가 일어날까요?
- 입학생이 없어 학교를 폐교한다면 추후 그 지역으로 이사 오는 가정들은 줄어들까요, 늘어날까요?

순냥이와 함께 배우는 오늘의 어휘력!

시사 용어 **저출산**	낮을 저低 + 낳을 출出 + 낳을 산産
	아기를 적게(低) 낳는(出=産) 현상.
	예 **저출산**이 계속되면 학생 수가 줄어들고 일할 수 있는 사람의 수도 줄어들 것이다.

저출산이란?

오늘날 우리나라의 출산율은 평균 출생아 수가 1명이 채 안 되는 약 0.7명으로, 가까운 일본이 약 1.2명 이상인 것과 비교해도 무척 낮은 편이에요. 이러한 현상이 문제가 되는 이유는 경제 활동을 이끌 인구가 줄어들어 여러 사회적 문제가 생기기 때문이에요. 경제 활동 인구 1명이 부담해야 할 세금이 늘어나 삶의 질뿐만 아니라 우리나라 사회 발전에도 나쁜 영향을 줄 수 있지요. 또 일할 사람이 부족해져 여러 지역이 활력을 잃고 기업도 곤란을 겪을 수 있어요. 정부는 현재 이러한 문제를 해결하기 위해 출산과 육아를 돕는 다양한 지원을 하고 있어요. 하지만 결혼과 육아를 기피하는 사회 분위기가 이어지고 있어, 빠른 시일 내 출산율을 높이는 것은 어려울 것으로 예상돼요. 아이를 낳고 기르는 것에 더욱 친근한 분위기가 될 수 있도록 사회 전체의 노력이 필요한 상황이랍니다.

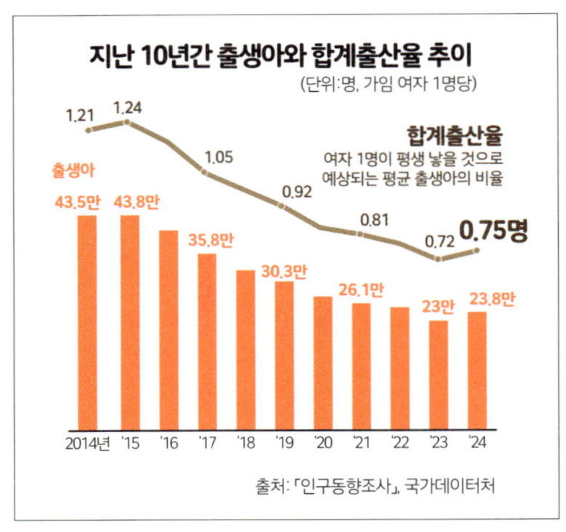

순냥이와 쓱싹쓱싹 쓰다 보면 어휘력 급상승!

'저출산'이 들어간 문장을 또박또박 바르게 따라 써 봐. 손에도 익고 입에도 착 붙을 거야!

저출산을 극복하려면 사회 전체의 노력이 필요해요.

신문의 내용을 잘 떠올리며 풀어 보자. 기사를 더 깊이 이해하게 될 거야!

1. 신문의 주요 내용이 무엇인지 빈칸에 알맞은 말을 넣어 완성해 보자.

농촌뿐만 아니라 도시에서도 이루어지는 ☐☐ 증가

2. 신문 내용이 알맞으면 O, 틀리면 X를 해 보자.

- 입학하는 학생 수가 1명도 없는 학교는 없어요. (　　　)
- 2025년 기준, 우리나라는 출산율이 세계 최하위에 해당해요. (　　　)
- 오늘날 농촌, 어촌, 산지촌에서만 폐교 현상이 일어나고 있어요. (　　　)

3. 밑줄에 알맞은 말을 써 보자.

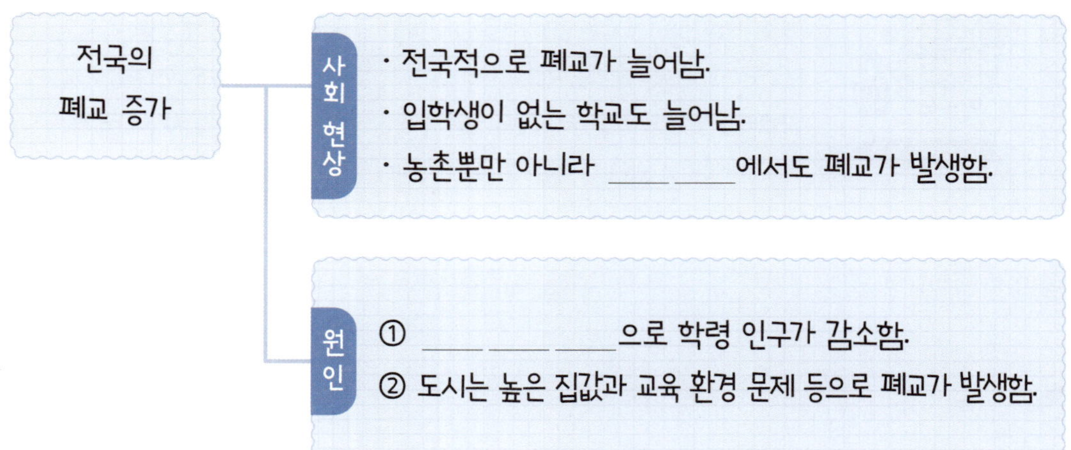

4. 신문의 내용을 한 문장으로 정리해 보자.

전국적으로 늘어나고 있는 ☐☐ 문제는 나날이 심해지는 저출산으로 인한 학령 인구 ☐☐ 등이 만들어낸 사회 현상이에요.

076쪽의 신문은 공휴일을 특정한 '날'이 아니라 '요일'에 쉬자고 하는 '요일제 공휴일'에 관한 기사였어. 어떤 이들은 공휴일을 특정 요일로 정해 휴일의 효율성을 높여야 한다고 주장하는데 이 문제에 대한 친구들의 생각을 들려줘!

특정한 요일로 정해 휴식의 효율성을 높여야 한다!

VS

특정한 날로 정해 본래의 의미를 지켜야 한다!

❶ 주장	❷ 근거	❸ 예시나 해결 방법	❹ 의견 강조
스스로 생각한 나의 주장을 써요.	다른 사람을 설득할 수 있어야 해요.	주변에서 적절한 예를 찾아보아요.	앞서 말한 생각을 한번 더 강조해요.

뜨감이의 생각

[1]나는 요일제 공휴일이 휴식의 효율성을 높여줄 것으로 생각해. [2]왜냐하면 특정 요일로 공휴일을 정하면 긴 연휴를 누릴 수 있고, 본래 기념일의 의미도 전달 방법만 잘 정하면 꼭 약해진다고 볼 수는 없기 때문이야. [3]예를 들어, 어린이날을 5월 첫째 주 월요일로 한다고 해서 어린이를 위한 마음이 없어지는 것은 아닐 거야. 공휴일이 가진 본래의 의미를 학교와 가정에서 충분히 알려 준다면 그 의미를 잘 되새길 수 있다고 봐. [4]따라서 국민의 충분한 휴식을 지켜 주는 요일제 공휴일이 도입되어야 한다고 생각해.

방울이는 창의 가득한 생각 열매를 좋아해!

084쪽의 신문은 우리나라 곳곳에서 인구가 감소하면서 학교가 문을 닫고 있다는 기사였어. 아래는 다니던 학교가 폐교하게 된 한 친구의 일기야. 일기를 읽고 친구에게 편지를 써 볼까?

제목 : 우리 학교의 마지막 졸업식 2025 년 12 월 20 일

이제 우리 학교가 이번 졸업식을 마지막으로 폐교한다고 한다. 입학식 날 가슴에 빨간 꽃을 달고 축하 인사를 받았던 기억이 아직도 선명한데 정말 믿기지 않는다. 정말 소중한 사람이 된 것 같았던 그때와 달리 지금은 무언가 허전하고 버림받은 기분이다. '마지막 졸업생'이 아닌 '제O회 졸업생'으로 남고 싶었는데……. 친구들과 물총 놀이도 하고 식물도 같이 키웠던 이곳이 많이 생각날 것 같다. 동생들도 폐교로 인해 다른 초등학교로 전학을 가게 되었다니 더더욱 속상하다.

어린이는 SNS를 사용하면 안 된다고요?

최근 덴마크 정부가 학교에서의 13세 미만 어린이 스마트 *기기 사용을 금지하기로 해 이목이 쏠리고 있어요. 많은 어린이가 너무 일찍 사회관계망서비스(SNS) 계정을 만들고, 하루 평균 3시간 이상을 기기 속 영상 *시청에 쏟고 있음을 우려한 결정이었지요. 덴마크 정부는 과도한 SNS 이용으로 독서, 운동 등은 소홀해지고 해로운 콘텐츠 시청은 늘고 있다며 금지 이유를 설명했어요.

비단 덴마크뿐 아니라 호주, 네덜란드 등 여러 나라가 최근 어린이의 과도한 스마트 기기 사용 예방을 위해 노력하고 있어요. 특히 SNS의 과도한 사용에 의한 디지털 중독, 사이버 폭력 등을 막고자 아동의 SNS 사용 **제한** 정책을 추진하고 있지요. 호주의 경우 16세 미만 아동의 SNS 사용을 전면 금지하는 *법안을 의회에서 통과시켜 시행에 들어갔고, 노르웨이는 SNS 사용 최소 연령을 15세로 정하였어요. 또한 네덜란드는 초등학교에서 학생들이 스마트폰 등의 스마트 기기를 사용하지 못하도록 정하였으며, 프랑스도 200여 개 중학교에서 학생의 스마트폰 사용을 금지하였답니다.

하지만 이에 대해 SNS 및 스마트 기기 사용 연령 제한은 표현의 자유를 **침해**하는 행위라고 비판하는 이들도 적지 않아요. 점점 발전하는 디지털 시대에 **정보**를 탐색하고 얻을 기회를 빼앗는 조치라며 우려하는 목소리도 많지요. 디지털 기기 활용에 분명히 여러 장점이 있음에도 불구하고 아예 사용을 제한하는 것은 **과유불급**이라며 보다 적절한 방안을 요구하고 있답니다.

스마트폰 중독이 의심된다면 체크해 보세요.

* **기기**(틀 기機, 그릇 기器): 기구, 기계 등을 통틀어 이르는 말.
* **시청**(볼 시視, 들을 청聽): 눈으로 보고 귀로 들음.
* **법안**(법 법法, 안건 안案): 법률에 대해 토의하거나 조사해야 할 사실이나 안건.

순냥이는 이 단어가 궁금해!

신문에 나온 주요 단어들을 알아보자! 단어의 정확한 뜻을 알면 기사 읽기가 훨씬 쉬워져!

제한	누를 제制 + 끝 한限 어떤 끝(限)을 정해 이를 넘지 못하게 막거나 억누름(制).
침해	쳐들어갈 침侵 + 해칠 해害 쳐들어가(侵) 해(害)를 끼침.
정보	실상 정情 + 알릴 보報 실상(情)을 알려(報) 도움이 될 수 있도록 관찰, 조사 등을 통해 정리한 지식과 자료.

순냥이와 단어 퀴즈 고고!

위에서 배운 단어들을 빈칸에 넣어 봐! 이 정도는 할 수 있겠지?

1. 도로마다 자동차가 달릴 수 있는 ☐☐ 속도가 있어요.

2. 어떤 사람이라도 인권이 ☐☐ 되는 일은 없어야 해요.

3. 책에는 여러 가지 유익한 ☐☐가 담겨 있어요.

순냥이와 생각을 나누자!

- 어린이들의 스마트 기기 사용 장점으로는 무엇이 있을까요?
- 나의 하루 SNS 사용 시간은 얼마인지 알아보고, 제한이 필요한 상황인지 생각해 볼까요?

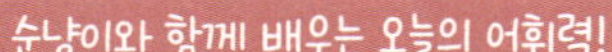

성어 과유불급	지나칠 과過 + 같을 유猶 + 아닐 불不 + 미칠 급及
	지나침(過)은 미치지(及) 못함(不)과 같음(猶).
	예 운동도 너무 무리하면 오히려 건강을 해치어 과유불급이 될 수 있다.

과유불급이란?

맛있는 음식이 차려져 있는 식탁 앞에 앉았어요. 그런데 배가 고프다고 음식을 너무 과하게 먹으면 어떻게 될까요? 처음에는 맛있어도 시간이 갈수록 소화가 되지 않아 매우 불쾌해질 거예요. 반대로 입맛에 맞지 않다고 먹지 않으면 배에선 이내 꼬르륵 소리가 나고 말 거지요. 그 어떤 음식이라도 필요한 만큼 적당히 먹을 때 비로소 이롭다고 할 수 있답니다. 이처럼 지나치거나 모자라지 않은 상태가 중요함을 뜻하는 '과유불급'은 어느 한쪽으로 치우치지 않는 중용을 강조하는 말이에요. '지나친 것은 미치지 못한 것과 같다.'는 뜻으로, 삶을 살아가는 데 있어 정도를 지켜 나가는 것이 중요함을 이르는 말이랍니다.

순냥이와 쓱싹쓱싹 쓰다 보면 어휘력 급상승!

'과유불급'이 들어간 문장을 또박또박 바르게 따라 써 봐. 손에도 익고 입에도 착 붙을 거야!

지나친 욕심을 부리지 않는 과유불급의 자세를 가지는 것이 좋아요.

순냥이와 함께하는 신문 체크! 체크!

신문의 내용을 잘 떠올리며 풀어 보자. 기사를 더 깊이 이해하게 될 거야!

1. 신문의 주요 내용이 무엇인지 빈칸에 알맞은 말을 넣어 완성해 보자.

여러 나라의 SNS 및 어린이 스마트 기기 사용 연령 ☐☐

2. 신문 내용이 알맞으면 O, 틀리면 X를 해 보자.

- 덴마크 정부는 19세 미만 미성년자의 스마트 기기 사용을 금지했어요. (　　　)
- 세계 여러 나라가 아동의 SNS 사용 제한 정책을 폐지하고 있어요. (　　　)
- 디지털 기기 활용으로 여러 정보를 탐색하고 얻을 수 있어요. (　　　)

3. 밑줄에 알맞은 말을 써 보자.

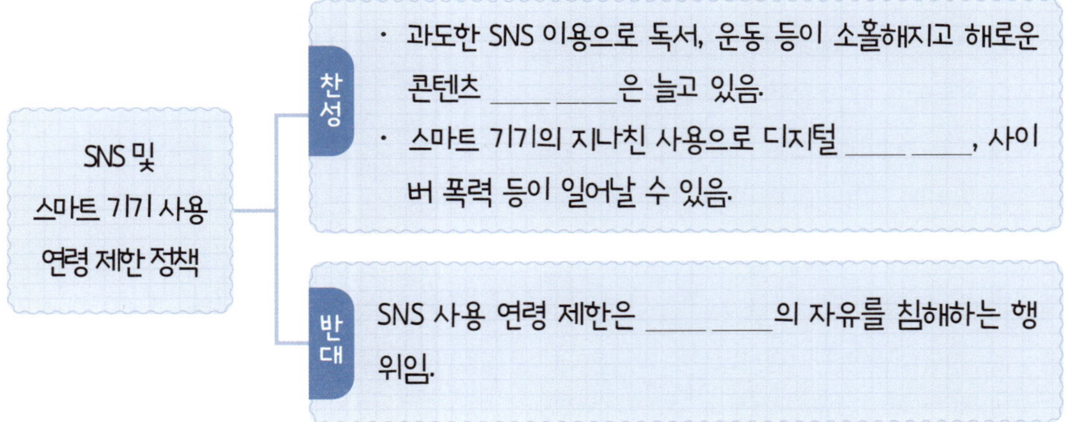

4. 밑줄에 아래 단어를 넣어 신문의 내용을 한 문장으로 정리해 보자.

스마트 기기　　　정책　　　어린이

많은 나라에서 ____ ____ ____의 과도한 ____ ____ ____ ____ ____, SNS 사용 예방을 위해 사용 연령 제한 ____ ____을 추진하고 있어요.

살찐 초등학생들이 늘었다!

시대의 변화에 따라 초등학생들의 모습은 많이 달라져 왔어요. 과거에 비해 ***신장**과 몸무게 등이 많이 늘었지요. 그런데 이러한 변화 속에서 최근 초등학생들의 건강 상태가 점점 우려되고 있어요. 초등학생들의 비만, 체력 ***저하** 문제가 중요한 관심사로 주목받고 있답니다.

특히 코로나19 **팬데믹**을 거치면서 초등학생들의 운동 시간이 많이 줄어들면서 비만과 체력 저하 문제, 심지어 소아 청소년 ***당뇨병** 문제까지 대두되었어요. 실제로 중앙대병원 소아 청소년과 이다혜 교수, 서울대병원 진단검사의학과 박재현 교수 등이 함께 연구한 결과에 따르면 코로나19 팬데믹 이전인 2017~2019년에 비해 팬데믹 이후인 2020~2022년의 기간에 소아 청소년의 당뇨병이 증가하였다고 해요. 이 연구는 2017년부터 2022년 초까지 건강보험심사평가원 **빅데이터**를 활용하여 이루어졌는데 코로나19 팬데믹이 소아 청소년의 건강에도 영향을 미쳤음을 밝혀내었어요.

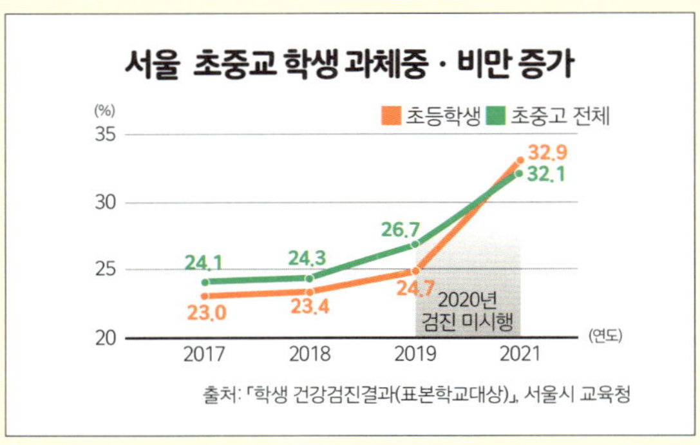

이러한 소아 청소년의 당뇨병 증가는 팬데믹 기간 이루어진 사회적 거리 두기에 따라 **신체** 활동이 줄어들고 배달 음식 선호 등 **식습관**의 변화가 이루어지며 나타난 변화라 할 수 있어요. 문제는 현재에도 초등학생의 운동 부족은 여전히 진행 중이라는 것이에요. 잘못된 습관에 대한 개선, 초등학생의 신체 활동 등에 대한 지원이 필요한 상황이에요.

* **신장**(몸 신身, 길 장長): 바닥부터 머리끝에 이르는 몸의 길이. 또는 키.
* **저하**(낮을 저低, 아래 하下): 사기, 정도, 수준 등이 아래로 낮아짐.
* **당뇨병**(엿 당糖, 오줌 뇨尿, 병 병病): 오줌에 당분이 많이 섞여 나오는 병으로, 목이 마르며 쉽게 피로해지는 병.

이 기사가 마음에 든 만큼 '엄지척'을 색칠해 주세요!

순냥이는 이 단어가 궁금해!

신문에 나온 주요 단어들을 알아보자! 단어의 정확한 뜻을 알면 기사 읽기가 훨씬 쉬워져!

빅데이터	빅(Big: 큰) + 데이터(Data: 자료) 디지털 환경에서 만들어지는 부피가 크고 변화의 속도가 빠르며 속성이 매우 다양한 데이터.
신체	몸 신身 + 몸 체體 사람의 몸(身=體).
식습관	먹을 식食 + 버릇 습習 + 버릇 관慣 음식을 먹는(食) 버릇(習=慣).

순냥이와 단어 퀴즈 고고!

빈칸에 들어갈 알맞은 단어를 선으로 이어 봐! 이 정도는 할 수 있겠지?

- 적절한 운동은 ______ 를 건강하게 만들어요. • 　　• 빅데이터
- 골고루 먹는 ______ 은 건강의 지름길이에요. • 　　• 신체
- ______ 를 분석해 보면 우리나라 사람들의 쌀 소비가 줄어들었음을 알 수 있어요. • 　　• 식습관

순냥이와 생각을 나누자!

- 코로나19 팬데믹 전에도 초등학생들의 운동 부족 현상이 있었을까요?
- 또다시 팬데믹으로 사회적 거리 두기가 시행된다면 어떤 운동이 적합할까요?

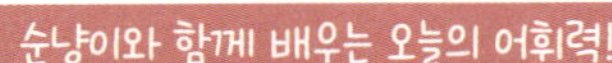

시사 용어 **팬데믹**	**팬데믹**(Pandemic: 전 세계적인 전염병)
	전 세계적으로 전염병이 크게 유행하는 현상.
	예 **팬데믹**을 막기 위해서는 마스크를 꼭 착용해야 해요.

팬데믹이란?

▲ 코로나19 당시 마스크를 쓰고 일상생활을 했던 시민들

전 세계적으로 대유행했던 코로나19 팬데믹 시기 사람들의 일상생활은 많은 변화를 겪었어요. 사회적 거리 두기 등의 영향으로 마스크를 쓰고 모임을 자제하는 등 접촉을 줄이는 여러 노력을 해 나갔었지요. 전염병이 전 세계적으로 크게 유행하는 현상을 가리키는 이러한 '팬데믹'은 그동안 역사적으로 여러 차례 발생했었어요. 중세 유럽 인구의 3분의 1 정도의 생명을 앗아간 '흑사병', 수천만 명의 생명을 앗아간 '스페인 독감', 2009년 발생했던 '신종플루' 등이 그 예지요. 팬데믹은 전 세계로 전파될 정도로 그 규모와 정도가 커서 세계 보건 기구가 분류한 전염병 등급 중 최고 등급인 6단계에 해당해요. 앞으로 언제 어떠한 모습으로 또다시 발생할지 모르기에 전 세계적 대비가 필요하다고 할 수 있답니다.

순냥이와 쓱싹쓱싹 쓰다 보면 어휘력 급상승!

'팬데믹'이 들어간 문장을 또박또박 바르게 따라 써 봐. 손에도 익고 입에도 착 붙을 거야!

세계 보건 기구가 세계적으로
유행한 코로나19에 대해 팬데믹
을 선언한 바 있어요.

순냥이와 함께하는 신문 체크! 체크!

신문의 내용을 잘 떠올리며 풀어 보자. 기사를 더 깊이 이해하게 될 거야!

1. 신문의 주요 내용이 무엇인지 빈칸에 알맞은 말을 넣어 완성해 보자.

코로나19 이후 초등학생들의 ☐☐ 상태 우려

2. 신문 내용이 알맞으면 O, 틀리면 X를 해 보자.

- 과거에 비해 오늘날 초등학생들의 몸무게는 많이 줄어들었어요. (　　　)
- 초등학생들의 운동 시간이 줄어들자, 비만과 체력 저하 문제가 발생하였어요. (　　　)
- 팬데믹 이후 소아 청소년의 당뇨병이 증가하였어요. (　　　)

3. 밑줄에 알맞은 말을 써 보자.

코로나19 팬데믹의 유행

사회 현상

- 사회적 ____ ____ 두기가 시행됨.
- 배달 음식 선호 현상이 일어남.

부정적인 영향

- 초등학생들의 ____ ____ 및 체력 저하 문제가 발생함.
- 소아 청소년 당뇨병 등이 증가함.

4. 밑줄에 아래 단어를 넣어 신문의 내용을 한 문장으로 정리해 보자.

팬데믹　　당뇨병　　초등학생

코로나19 ____ ____ ____을 거치며 사회적 거리 두기와 배달 음식 선호로 ____ ____ ____ ____들의 비만 및 체력 저하, 소아 청소년 ____ ____ ____ 문제 등이 발생하고 있어요.

세상에서 가장 아름다운 달리기

"힘내라! 힘내라!"

열띤 분위기로 신나게 즐기는 운동회가 한 초등학교에서 열렸어요. 모두가 웃음꽃을 피우며 해맑게 즐기는 모습이 운동장을 가득 채웠지요. 그런데 갑자기 운동장 한곳에서 눈물을 훔치는 사람들이 보이기 시작했어요. 바로 6학년 학생들의 달리기가 열리는 곳이었어요. 6학년 학생 5명이 달리기하던 그곳에서 뜨거운 눈물이 흐르는 아름다운 **장면**이 ***연출**되었답니다.

처음 시작은 여느 때와 같이 출발 신호와 함께 이루어졌어요. 5명의 아이가 열심히 결승선을 향해 뛰었지요. 그런데 결승선 30m를 남겨 두고 앞서가던 4명의 아이가 갑자기 멈춰 섰어요. 이유는 다름 아닌 뒤에 오는 한 친구를 기다려 함께 손을 잡고 결승선에 들어가기 위해서였어요. 몸이 불편해 6년 내내 달리기에서 꼴찌를 했던 같은 반 친구를 돕기 위해서였답니다. 병으로 인해 초등학교 2학년 정도밖에 자라지 않았지만, 성격이 밝고 ***매사**에 최선을 다하는 친구를 위해 내민 따스한 배려였지요. 매년 찾아오는 운동회 달리기에서 몸이 불편해 꼴찌를 할 수밖에 없던 친구의 모습을 가슴 아파했던 친구들이 깜짝 선물을 준비한 것이었어요. 졸업을 앞둔 마지막 운동회에서 **죽마고우**를 위해 따뜻한 **배려심**과 ***우정**을 보여준 이 아름다운 모습에 많은 이가 **감동**의 눈물을 흘렸답니다.

▲ 감동 운동회의 주인공들이 표창장을 받는 모습

* **연출**(펼 연演, 날 출出): 어떤 상황이나 상태를 펼쳐 만들어 냄.
* **매사**(마다 매每, 일 사事): 때마다의 모든 일.
* **우정**(벗 우友, 뜻 정情): 친구 사이의 정.

이 기사가 마음에 든 만큼 '엄지척'을 색칠해 주세요!

순냥이는 이 단어가 궁금해!

신문에 나온 주요 단어들을 알아보자! 단어의 정확한 뜻을 알면 기사 읽기가 훨씬 쉬워져!

장면	장소 장場 + 모습 면面 어떤 장소(場)에서 겉으로 드러난 모습(面).
배려심	상대방 배配 + 생각할 려慮 + 마음 심心 상대방(配)을 생각해(慮) 주는 마음(心).
감동	느낄 감感 + 움직일 동動 깊이 느끼어(感) 마음이 움직임(動).

순냥이와 단어 퀴즈 고고!

빈칸에 들어갈 알맞은 단어를 선으로 이어 봐! 이 정도는 할 수 있겠지?

- 동생을 위해 양보하는 누나의 ______ 이 돋보였어요. •　　　　• 장면
- 책을 읽고 깊은 ______ 을 받았어요. •　　　　• 배려심
- 견우와 직녀가 오작교에서 만나는 ______ 이 인상 깊었어요. •　　　　• 감동

순냥이와 생각을 나누자!

- 따뜻한 배려를 받은 친구의 마음은 어땠을지 생각해 볼까요?
- 몸이 불편한 사람을 배려하거나 도와주었던 적이 있나요?

순냥이와 함께 배우는 오늘의 어휘력!

성어 **죽마고우**	대나무 죽竹 + 말 마馬 + 옛 고故 + 벗 우友
	어렸을 때부터 대나무(竹)로 만든 말(馬)을 타고 함께 놀던 옛(故) 친구(友).
	예 그 친구는 어릴 적부터 친한 **죽마고우**이다.

죽마고우란?

어렸을 때부터 함께 놀며 친하게 지낸 벗을 가리켜 '죽마고우'라고 해요. 옛날 중국에선 어릴 때 대나무로 만든 말을 함께 타고 놀았는데, 이렇게 어릴 때부터 허물없이 친하게 지낸 친구 사이를 가리켜 생긴 말이지요. 이 죽마고우와 비슷한 성어로는 '막역지우(허물이 없는 벗)', '수어지교(물과 물고기의 관계처럼 떼려야 뗄 수 없는 벗)', '문경지교(죽고 살기를 같이할 만한 벗)' 등이 있답니다. 또 다른 비슷한 표현으로는 '어릴 적 친구', '소꿉친구', '단짝'과 같은 표현도 있어요.

순냥이와 쓱싹쓱싹 쓰다 보면 어휘력 급상승!

'죽마고우'라는 성어를 넣어 빈 말풍선에 알맞은 문장을 써 봐! 손에도 익고 입에도 착 붙을 거야!

순냥이와 함께하는 신문 체크! 체크!

신문의 내용을 잘 떠올리며 풀어 보자. 기사를 더 깊이 이해하게 될 거야!

1. 신문의 주요 내용이 무엇인지 빈칸에 알맞은 말을 넣어 완성해 보자.

운동회에서 보인 따뜻한 ☐☐☐ 과 우정

2. 신문 내용이 알맞으면 O, 틀리면 X를 해 보자.

- 5학년 학생 6명이 달린 달리기에서 훈훈한 장면이 등장했어요. (   )
- 몸이 불편한 친구를 위해 처음부터 함께 손을 잡고 달렸어요. (   )
- 그동안 꼴찌를 할 수밖에 없던 친구를 위한 따뜻한 배려의 행동에 많은 사람이 감동의 눈물을 흘렸어요. (   )

3. 밑줄에 알맞은 말을 써 보자.

세상에서 가장 아름다운 달리기

- 한 초등학교의 ____ ____ ____에서 달리기를 함.
- 결승선을 달리는 도중 4명의 친구가 몸이 불편한 한 친구를 기다림.
- 모두 함께 손을 잡고 ____ ____ ____에 들어오며 많은 사람에게 감동을 줌.

4. 밑줄에 아래 단어를 넣어 신문의 내용을 한 문장으로 정리해 보자.

결승선　　감동　　친구

몸이 불편한 ________를 위해 일부러 멈춰 함께 손을 잡고 ____________에 도착한 친구들의 이야기가 많은 이에게 ________을 주었어요.

사회

광화문 현판, 한글로? 아니면 한자로?

2024년 5월, 유인촌 당시 문화관광체육부장관을 중심으로 서울 광화문의 ***현판**을 한글로 바꾸어야 한다는 주장이 나왔어요. 우리나라의 대표 **문화유산**인 만큼 우리 고유의 한글로 써야 한다는 주장이었지요. 이에 대해 국가유산청장은 "경복궁 중건 당시 걸려 있던 현판에 가깝게 ***고증**하는 것이 문화유산 **복원**의 원칙에 맞는다."라며 반대 의견을 냈답니다.

사실 광화문 현판은 과거 임진왜란 때 불탔다가 흥선대원군에 의해 다시 복원되고, 이후 일제 강점기, 6·25 전쟁을 거치며 또다시 훼손되었었어요. 현재는 검정 바탕의 금박 글씨의 한자 현판의 모습으로 복원되어 있는데, 이는 2012년 문화재위원회 ***심의**에서 『경복궁 영건일기』를 토대로 바꾸기로 한 결정에 따른 것이에요. **온고지신**의 뜻으로서 옛 기록을 바탕으로 최대한 과거 모습에 가깝게 복원한 것이지요.

▲『경복궁 영건일기』를 토대로 복원된 현재의 광화문 현판

현재의 이 현판 모습을 유지해야 한다고 주장하는 측에서는 우리가 쓰는 단어 상당수가 한자로 이루어져 있고, 문화유산을 복원할 때는 온고지신의 자세로 복원하는 것이 중요하다는 점을 강조하고 있어요. 이에 대해 광화문 현판을 한글로 바꾸어야 한다고 주장하는 측에서는 우리나라를 찾는 외국인들에게 한글의 **우수성**을 알리기 위해서라도 한글 현판으로 바꾸어야 한다고 말하고 있답니다. 같은 문화유산 복원에 대한 서로 다른 주장이 날카롭게 대립하고 있는 상황이에요.

* **현판**(매달 현懸, 널빤지 판板): 글씨나 그림을 새기거나 써서 높은 곳에 매다는 널조각.
* **고증**(생각할 고考, 증명할 증證): 옛 문헌이나 유물 등을 자세히 살피어 사실을 증명함.
* **심의**(살필 심審, 따질 의議): 토의하거나 조사해야 할 것을 상세히 살펴서 옳고 그름을 따짐.

이 기사가 마음에 든 만큼 '엄지척'을 색칠해 주세요!

순냥이는 이 단어가 궁금해!

신문에 나온 주요 단어들을 알아보자! 단어의 정확한 뜻을 알면 기사 읽기가 훨씬 쉬워져!

문화유산	글월 문文 + 될 화化 + 남길 유遺 + 재물 산産 다음 세대에 물려줄 우리 겨레의 고유한 문화(文化)가 담긴 국가유산(遺産).
복원	돌아올 복復 + 본래 원元 본래(元)대로 회복함(復).
우수성	뛰어날 우優 + 빼어날 수秀 + 성질 성性 여럿 가운데 뛰어난(優, 秀) 특성(性).

순냥이와 단어 퀴즈 고고!

위에서 배운 단어들을 빈칸에 넣어 봐! 이 정도는 할 수 있겠지?

1. 판소리는 우리나라의 빼어난 ☐☐☐☐이에요.

2. 산불로 잿더미가 된 문화유산을 ☐☐했어요.

3. 직지는 우리나라 인쇄술과 금속 활자의 ☐☐☐을 알려 주는 문화유산이에요.

순냥이와 생각을 나누자!

- 광화문 현판을 한글로 복원했을 때의 장점에는 무엇이 있을까요?
- 처음 모습 그대로 복원하지 않는다면 역사 왜곡으로 보아야 할까요?

순냥이와 함께 배우는 오늘의 어휘력!

성어 **온고지신**	익힐 온溫 + 옛 고故 + 알 지知 + 새 신新
	옛(故)것을 익히고(溫) 그것을 통하여 새(新)것을 앎(知).
	예 옛것을 소중히 하는 온고지신의 자세가 중요하다.

온고지신이란?

▲ 온고지신을 말한 공자의 동상

AI(인공 지능), 빅데이터, 드론, 로봇 등 새로운 기술들이 발전하는 오늘날, 우리는 어느새 새롭고 참신한 것에 익숙해졌어요. 스마트폰이 지난 2007년 처음 등장한 뒤에 이제는 없으면 불편한 필수품이 된 것처럼 새로운 것의 등장과 발전은 우리에게 친숙한 일상이 되어 버렸죠. 하지만 새로운 것을 찾고 만드는 창의적인 모습 속에서도 우리에게 중요한 것이 있어요. 바로 우리 조상들의 슬기가 담긴 옛것들로부터의 깨달음이에요. 이를 '온고지신'이라 하는데, 공자는 "옛것을 익히고 새것을 알면 스승이 될 수 있다."라고 말하였어요. 과거를 알고 그를 바탕으로 미래를 준비하는 것의 중요성을 강조했지요. '로마는 하루아침에 이루어진 것이 아니다.'라는 말처럼 온고지신의 태도로 미래를 만들어 가는 자세야말로 우리에게 필요한 자세랍니다.

순냥이와 쓱싹쓱싹 쓰다 보면 어휘력 급상승!

'온고지신'이 들어간 문장을 또박또박 바르게 따라 써 봐. 손에도 익고 입에도 착 붙을 거야!

온고지신의 정신으로 우리 선조의 전통과 문화를 계승해 나가야 해요.

순냥이와 함께하는 신문 체크! 체크!

신문의 내용을 잘 떠올리며 풀어 보자. 기사를 더 깊이 이해하게 될 거야!

1. 신문의 주요 내용이 무엇인지 빈칸에 알맞은 말을 넣어 완성해 보자.

서울 광화문 [ ][ ]의 복원 문제

2. 신문 내용이 알맞으면 O, 틀리면 X를 해 보자.

- 광화문의 현판은 현재 한글로 쓰여 있는 상태예요. (　　　)
- 광화문 현판은 과거에 여러 차례 훼손된 적이 있어요. (　　　)
- 검정 바탕의 금박 글씨의 광화문 한자 현판은 한 사람의 생각에 따라 정해졌어요. (　　　)

3. 밑줄에 알맞은 말을 써 보자.

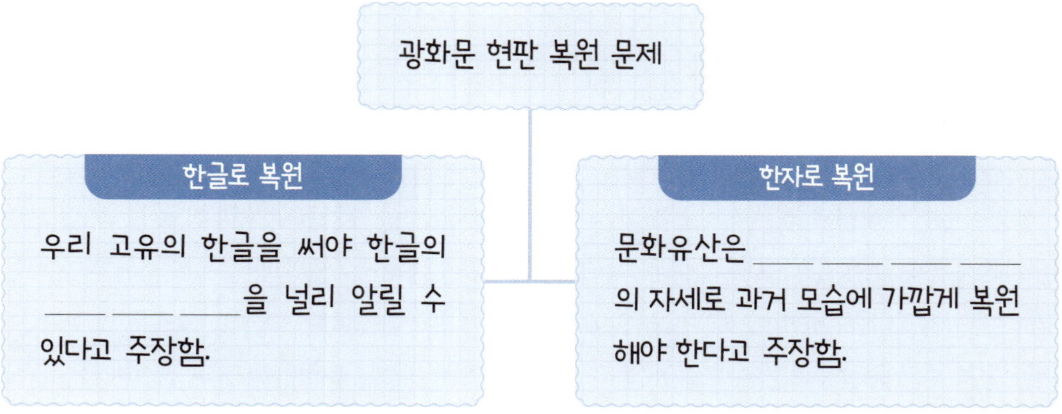

4. 신문의 내용을 한 문장으로 정리해 보자.

최근 우리나라 대표 문화유산인 [ ][ ][ ]의 현판을 [ ][ ] 현판으로 바꾸어 한글의 우수성을 널리 알려야 한다는 새로운 주장이 제기되었어요.

한강 작가, 우리나라 최초로 노벨문학상 수상!

지난 2024년 10월 10일 저녁, 우리나라는 물론 전 세계를 깜짝 놀라게 만든 한 발표가 있었어요. 바로 우리나라 ***소설가** '한강'의 노벨문학상 ***수상**을 알리는 스웨덴 한림원의 발표였어요. 김대중 전 대통령의 노벨평화상 수상에 이은 두 번째 **노벨상** 수상의 기쁜 소식에 그날 밤 우리나라 사람들은 자랑스러움과 뿌듯함을 느꼈답니다. 우리글로 쓰인 문학 작품이 전 세계에서도 최고로 인정받았다는 점에 모두가 가슴 벅찬 감동을 느꼈지요.

영광의 노벨문학상을 수상한 한강 **작가**는 1970년 광주에서 태어났어요. 그녀는 어릴 적부터 말과 글에 대한 감각이 뛰어났다고 해요. 방 안에서 **독서**는 물론 혼자 **공상**을 즐기는 모습이 많았다고도 하지요. 여러 책을 읽으며 스스로 생각의 날개를 펼치는 시간이 많았던 것이라 볼 수 있어요. 이후 소설가의 꿈을 이루기 위해 꾸준히 노력한 그녀는 여러 문학상을 수상하는 등 남다른 ***두각**을 나타냈어요. 대망의 노벨문학상 수상 이전에도 세계 3대 문학상 중 하나인 맨부커상 인터내셔널 부문에서 한국인 최초로 상을 받는 등 여러 작품으로 인정받았었답니다.

한강 작가의 노벨문학상 수상은 우리 사회에 큰 영향을 주었어요. 우리나라 최초의 노벨문학상이자 아시아 여성 최초의 노벨문학상이라는 점에서 더욱 깊은 울림을 주었지요. 특히 우리글과 말이 가진 풍부한 표현들이 세계에 통할 수 있음을 밝혀 많은 이에게 자신감과 긍지를 심어 주었어요. 그리고 그러한 영향은 이른바 '텍스트힙(Text Hip)'이라는 새로운 문화에까지 미쳤답니다. '글(Text)'과 '개성 있고 멋짐(Hip)'의 의미가 합쳐진, 책을 주제로 한 독서·글쓰기 문화 활동을 즐기는 이들이 많아진 데 큰 영향을 준 거예요.

* **소설가**(작을 소小, 말씀 설說, 사람 가家): 소설을 쓰는 일을 전문적으로 하는 사람.
* **수상**(받을 수受, 상줄 상賞): 상을 받음.
* **두각**(머리 두頭, 뿔 각角): 짐승의 머리에 있는 뿔처럼 뛰어난 재능이나 학식을 비유하는 말.

이 기사가 마음에 든 만큼 '엄지척'을 색칠해 주세요!

신문에 나온 주요 단어들을 알아보자! 단어의 정확한 뜻을 알면 기사 읽기가 훨씬 쉬워져!

작가	지을 작作 + 사람 가家 문학이나 그림, 사진 등 예술품을 창작하는(作) 사람(家).
독서	읽을 독讀 + 책 서書 책(書)을 읽음(讀).
공상	빌 공空 + 생각 상想 현실적이지 못하거나 실현될 수 없는 헛된(空) 생각(想).

빈칸에 들어갈 알맞은 단어를 선으로 이어 봐! 이 정도는 할 수 있겠지?

- 재미있는 ______ 과학 소설을 읽었어요. •   • 작가
- ______ 는 여러 지식과 지혜를 얻을 수 있는 좋은 취미예요. •   • 독서
- 책의 제목에는 책의 내용, ______ 의 생각이 담겨 있어요. •   • 공상

- 한강 작가 이전에 아시아에서 노벨문학상을 받은 작가가 있는지 조사해 보세요.
- 내가 만약 노벨문학상 수상 후보에 오른다면 어떤 기분일 것 같나요?

순냥이와 함께 배우는 오늘의 어휘력!

<table>
<tr>
<td rowspan="3">시사 용어
노벨상</td>
<td>노벨(Novel: 사람 이름) + 상줄 상賞</td>
</tr>
<tr>
<td>스웨덴의 화학자이자 발명가인 노벨의 유언에 따라 인류에 공헌한 사람이나 단체에 주는 권위 있는 상.</td>
</tr>
<tr>
<td>예 열심히 노력해 온 한 과학자가 노벨상 수상이라는 쾌거를 이루어 냈다.</td>
</tr>
</table>

노벨상이란?

▲ 알프레드 노벨이 새겨진 노벨상 메달

매년 10월이 되면 스웨덴의 한림원에서 노벨상 수상자를 발표해요. 화학, 물리학, 생리·의학, 문학, 평화, 경제학 이렇게 여섯 부문에서 인류에게 이바지한 사람 혹은 단체를 선정해 영광의 상을 수여하지요. 이 노벨상은 '알프레드 노벨'이라는 사람의 이름을 딴 상이에요. 그는 스웨덴의 발명가이자 화학자로서, 오늘날에도 여러 현장에서 유용하게 쓰이는 다이너마이트와 여러 발명품을 발명했답니다. 그 덕분에 터널 굴착 및 지하철 공사 등이 매우 손쉽게 이루어질 수 있게 되었지요. 그러나 평화적인 목적으로 쓰이길 바랐던 발명품이 이후 전쟁 등에 쓰이게 되자, 그는 숨을 거두기 전, 자신의 재산을 인류를 위해 공헌한 이들에게 상을 주는 데 쓰라는 특별한 유언을 남겼어요. 오늘날 노벨상이 여러 분야에서 인류를 위해 힘쓴 이들에게 주어지게 된 배경이랍니다.

순냥이와 쓱싹쓱싹 쓰다 보면 어휘력 급상승!

'노벨상'이 들어간 문장을 또박또박 바르게 따라 써 봐. 손에도 익고 입에도 착 붙을 거야!

노벨상은 인류를 위해 큰 업적을 쌓은 사람이나 단체에 수여돼요.

순냥이와 함께하는 신문 체크! 체크!

신문의 내용을 잘 떠올리며 풀어 보자. 기사를 더 깊이 이해하게 될 거야!

1. 신문의 주요 내용이 무엇인지 빈칸에 알맞은 말을 넣어 완성해 보자.

한강 ☐☐의 우리나라 최초 노벨문학상 ☐☐

2. 신문 내용이 알맞으면 O, 틀리면 X를 해 보자.

- 한강 작가는 세계 최초로 노벨문학상을 수상했어요. (　　　)
- 어릴 적 한강 작가는 혼자서 공상을 펼치는 시간이 많았어요. (　　　)
- 노벨문학상을 받기 전에도 한강 작가는 두각을 나타내었어요. (　　　)

3. 밑줄에 알맞은 말을 써 보자.

한강 작가의 노벨문학상 수상

① 우리나라 최초, 아시아 여성 ____ ____ 로 노벨문학상을 수상함.
② ____ ____ ____과 말이 세계에 통할 수 있음을 입증함.
③ 독서와 글쓰기 활동을 즐기는 '텍스트힙' 문화에 영향을 줌.

4. 밑줄에 아래 단어를 넣어 신문의 내용을 한 문장으로 정리해 보자.

우리나라	독서	글쓰기	노벨문학상

____ ____ ____ ____ 최초이자, 아시아 여성 최초로 ____ ____ ____ ____ ____을 수상한 한강 작가의 영향으로 ____ ____와 ____ ____ ____ 활동을 즐기는 '텍스트힙'이라는 새로운 문화를 즐기는 이들이 많아졌어요.

토론을 좋아하는 뜨감이와 고구미는 네 생각이 궁금해!

090쪽의 신문은 어린이의 SNS 사용 제한에 관한 기사였어. 최근 과도한 SNS 사용에 따른 부작용을 염려해 어린이의 쇼츠 영상 시청을 우려하는 사람이 늘고 있지. 이 문제에 대한 친구들의 생각을 들려줘!

어린이들이 쇼츠 영상을 **봐도 된다!** VS 어린이들이 쇼츠 영상을 **보면 안 된다!**

저는 어린이들이 쇼츠 영상을 봐도 된다고 생각해요. 왜냐하면 어린이도 자유롭게 정보를 찾고 즐거움을 누릴 권리가 있기 때문이에요. 절제하는 습관만 잘 기른다면 부작용도 없을 거라고 생각해요.

뜨감이의 생각

저는 어린이들이 쇼츠 영상을 봐서는 안 된다고 생각해요. 왜냐하면 자극적인 영상을 어린이들이 절제하기는 힘들기 때문이에요. 또 빠르고 짧은 영상에 익숙해진다면 책과 거리가 멀어질 위험이 크기에 보면 안 된다고 생각해요.

고구미의 생각

098쪽의 신문 잘 읽었지? 나날이 성장하는 우리 곁에는 함께 웃으며 힘을 주는 친구들이 있어. 지금, 이 순간 가장 먼저 떠오르는 친구의 얼굴을 그리고 그 친구에 관한 글을 써 보자.

가장 먼저 떠오르는 친구 이름:

★ 친구 얼굴 그리기

★ 친구가 생각난 이유

★ 친구에게 전하고 싶은 한마디

'매운맛 기사'는 좀 더 깊이 생각할 거리가 많은 소식들로 준비했어. 유전자 조작에 관한 기사부터 갑작스럽게 내려진 비상계엄에 대한 기사, 아직도 치열하게 싸우고 있는 러·우 전쟁까지! 속이 따끔따끔하고 아주 화끈화끈한 주제들의 신문 기사들이 많이 있단다. 그럼 매콤하고 얼얼한 매운맛 기사들을 맛보러 떠나 볼까?

PART 2

매운맛 기사

공부를 못하면 대회에 못 나간다고요?!

우리는 학교에서 여러 과목을 배우며 기초적인 학습 능력과 지식 등을 익혀요. 올바른 성장을 위해 필요한 예절, 함께 어울려 살아가는 지혜 등을 배우기도 하지요. 가정에서 배울 수 없는 많은 것들을 선생님과 친구들을 통해 배우고 있답니다. 그렇기에 국가가 정한 법률에 따라 누구나 일정한 나이가 되면 반드시 학교에서 교육을 받아야 해요. 한 사람의 사회인이 되기 위해 학교 교육은 필수적이기 때문이에요.

그런데 누가 봐도 필요한 이 원칙이 운동에 전념해야 하는 학생 선수들에게는 심한 부담을 주고 있다고 해서 주목받고 있어요. '**최저학력**제'란 학생 선수가 정해진 성적의 기준을 맞추고 기본 학력을 갖추어야 대회에 출전할 수 있게 하는 **제도**예요. 그런데 어린이와 청소년의 학습권을 ***보장**하기 위해 만든 이 제도가 오히려 학생 선수들의 대회 출전의 길을 막을 수 있어서 논란이 되고 있어요.

본래 교육부는 지난 2024년 2학기부터 이 '최저학력제'를 실시하려 했어요. 그런데 이 제도에 반발하는 이들이 많아지자, 교육부는 일정 기간 실시를 미루었어요. 최저 학력 기준에 ***도달**하지 못한 학생이 대회에 출전하지 못해 운동 의욕을 ***상실**할 수 있고, **주경야독**하느라 경기력이 떨어진다는 강한 우려가 있었던 거예요. 미래를 위해 일찍부터 운동에 많은 시간과 노력을 쏟은 학생 선수들에게는 성적 기준을 다르게 적용해야 한다는 목소리가 높아졌답니다.

한 사람의 사회인이 되는 데 학교 공부는 꼭 필요하지만, 학생 선수들에게 공부와 운동 사이에서 무엇이 더 중요하고 어떻게 균형을 이룰 것인지에 대한 깊은 고민이 필요한 시점이에요.

더 궁금하다면?

* **보장**(지킬 보保, 막을 장障): 어떤 일이 어려움 없이 이루어지도록 조건을 마련하여 지켜 주고 막아 줌.
* **도달**(이를 도到, 이를 달達): 목적한 곳이나 목표한 수준에 이름.
* **상실**(죽을 상喪, 잃을 실失): 어떤 것이 아주 없어지거나 사라짐.

이 기사가 마음에 든 만큼 '엄지척'을 색칠해 주세요!

핫독이는 이 단어가 궁금해!

신문에 나온 주요 단어들을 알아보자! 단어의 정확한 뜻을 알면 기사 읽기가 훨씬 쉬워져!

최저	가장 최最 + 낮을 저低 가장(最) 낮음(低).
학력	배울 학學 + 힘 력力 배움(學)을 통해 얻은 지식이나 기술 등의 능력(力).
제도	정할 제制 + 법도 도度 국가나 사회에 의해 정해진(制) 법도(度).

핫독이와 단어 퀴즈 고고!

위에서 배운 단어들을 빈칸에 넣어 봐! 이 정도는 할 수 있겠지?

1. 오늘은 평년보다 ☐☐ 기온이 낮아서 두꺼운 외투를 입어야 해요.

2. 3월에 개학하면 학교에서 읽고, 쓰고, 셈하는 등 기초 학습 능력을 평가하는 기초 ☐☐ 진단 검사를 봐요.

3. 시민들을 위한 새로운 복지 ☐☐가 만들어졌어요.

핫독이와 생각을 나누자!

- 최저학력제는 누구를 위한 제도라고 생각하나요?
- 최저학력제 폐지에 찬성하는 입장인가요, 반대하는 입장인가요?

핫독이와 함께 배우는 오늘의 어휘력!

성어 **주경야독**	낮 주晝 + 밭갈 경耕 + 밤 야夜 + 읽을 독讀
	낮(晝)에는 농사짓고(耕) 밤(夜)에는 글을 읽음(讀).
	예 그는 주경야독으로 공부하며 목표를 이루었다.

주경야독이란?

사회적으로 성공한 인물들을 보면 각자 저마다의 어려움을 이겨 내고 노력 끝에 성공을 거둔 이들이 많아요. 특히 가난으로 일찍 돈을 벌어야만 해 일과 공부를 함께 했던 이들은 자는 시간까지 줄여 가며 하루를 쉼 없이 달리기도 했지요. 농사일을 많이 했던 옛날에도 낮에는 밭을 갈고 밤에는 지친 몸으로 글을 읽는 '주경야독'의 삶을 살았던 이들이 많았어요. 어려운 여건 속에서도 꿋꿋이 공부를 놓지 않고 매진했던 것이죠. 오늘날에도 바쁜 일상을 마치고 늦게까지 공부를 이어가는 이들을 가리켜 마찬가지로 '주경야독'이라 표현하고 있답니다.

핫독이와 쓱싹쓱싹 쓰다 보면 어휘력 급상승!

'주경야독'이 들어간 문장을 또박또박 바르게 따라 써 봐. 손에도 익고 입에도 착 붙을 거야!

그 선수는 낮에는 훈련, 밤에는 공부하며 훈련 기간 내내 주경야독의 생활을 했어요.

신문의 내용을 잘 떠올리며 풀어 보자. 기사를 더 깊이 이해하게 될 거야!

1. 신문의 주요 내용이 무엇인지 빈칸에 알맞은 말을 넣어 완성해 보자.

학생 선수의 ☐☐ 학력제 시행! 독일까, 득일까?

2. 신문 내용이 알맞으면 O, 틀리면 X를 해 보자.

- 누구나 일정한 나이가 되면 학교 교육을 받아야 해요. (   )
- 학생 선수는 운동 실력만 갖추면 공부는 하지 않아도 되어요. (   )
- 교육부는 2024년 초 최저학력제를 처음 시행했어요. (   )

3. 밑줄에 알맞은 말을 써 보자.

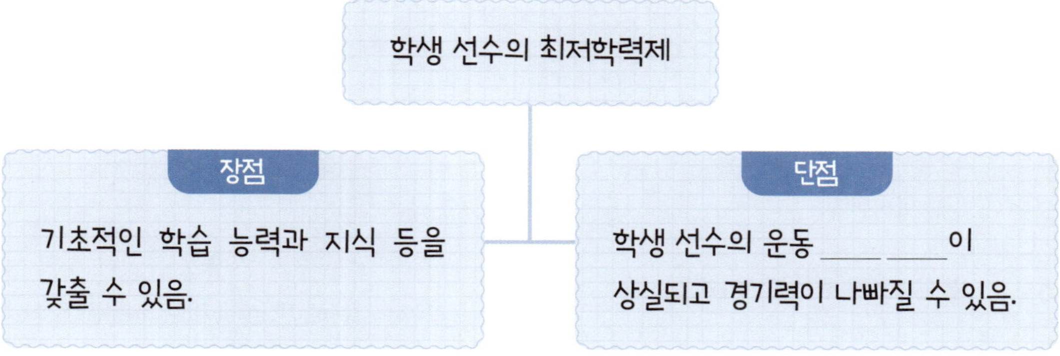

4. 밑줄에 아래 단어를 넣어 신문의 내용을 한 문장으로 정리해 보자.

학습 학생 경기력

______ 선수가 기초적인 ______ 능력을 갖출 수 있도록 돕는 최저학력제가 운동 의욕과 ______ 저하를 가져올 수 있다는 강한 반론에 부딪혔어요.

유전자 조작 모기로 모기 박멸!

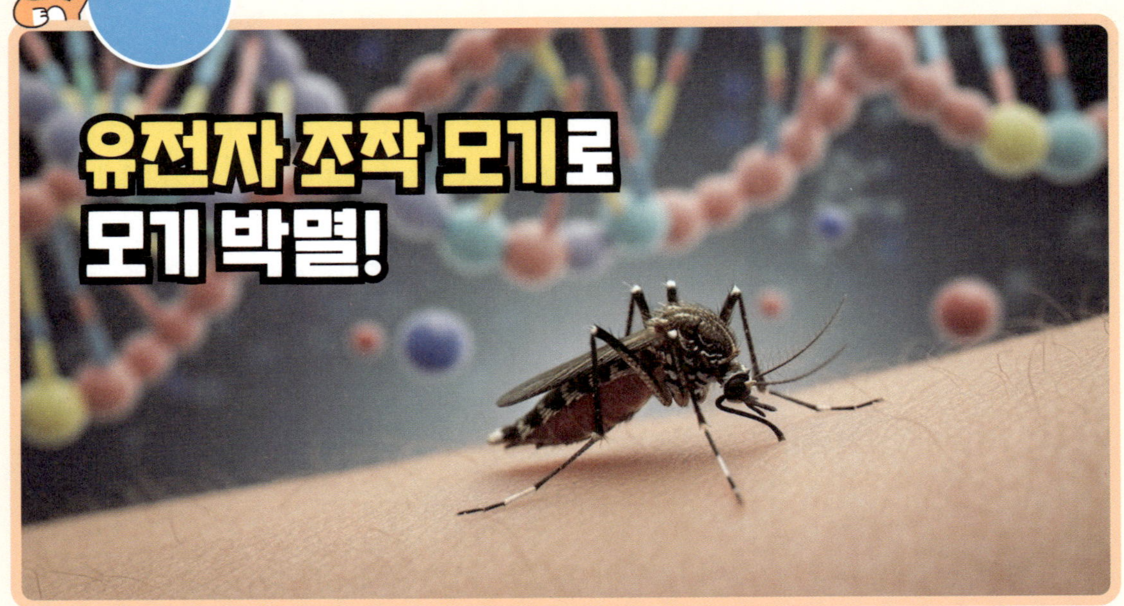

앵앵 작은 소리를 내며 날아와 어느새 피를 빨아 먹고 도망가는 무서운 존재, 모기! 모기는 오랜 세월 동안 인류를 괴롭혀 온 **해충**이에요. 미국에서는 이 모기 문제를 해결하기 위해 영국 옥시텍(Oxitec)사가 개발한 **유전자 조작** 모기 200만 마리의 ***방사**를 결정하였어요. 근육통, 관절통, 고열 등을 일으키는 뎅기 바이러스를 가진 모기의 ***번식**을 막기 위해서였죠.

유전자 조작 수컷 모기의 자멸 기술

❶ 암컷 모기를 죽이거나 불구로 만드는 유전자 수컷에 주입

❷ 유전자 조작 수컷과 야생 암컷 짝짓기

❸ 알이 부화하여 애벌레로 자람

❹ 수컷은 정상적으로 자라 자멸 유전자 후대에 전달, 암컷은 사멸

매년 말라리아모기로 고통받는 아프리카 지부티에서도 유전자 조작 수컷 모기 방사를 처음으로 결정했답니다. 수컷 모기가 자연에서 야생 암컷 모기와 짝짓기를 해도 자손이 살아남지 않도록 유전자를 일부러 조작한 것이었죠. 실험실에서 만들어진 '자멸 유전자'에 의해 새로 태어난 암컷 유충이 잘 자라지 못하고 죽음에 이르게 이끈 것이었어요.

과학자 중 일부는 이러한 유전자 조작 모기가 지금까지 사용해 온 살충제보다 훨씬 친환경적으로 전염병을 막을 수 있다고 주장하고 있어요. 하지만 환경 단체에서는 예상치 못한 돌연변이 모기가 나올 수 있다고 경고하고 있는 상황이에요. 아직은 안전성이 확실히 증명되지 않았기에 유전자 조작 기술이 자칫 생태계 ***교란**의 **판도라의 상자**가 될 수 있다며 우려하는 시선이 많답니다.

* **방사**(놓을 방放, 쏠 사射): 중심에서 사방으로 내뻗침.
* **번식**(많을 번繁, 불릴 식殖): 많이 불어남.
* **교란**(어지러울 교攪, 어지러울 란亂): 어떤 상황이나 마음 등을 뒤흔들어 어지럽고 혼란스럽게 함.

이 기사가 마음에 든 만큼 '엄지척'을 색칠해 주세요!

핫독이는 이 단어가 궁금해!

신문에 나온 주요 단어들을 알아보자! 단어의 정확한 뜻을 알면 기사 읽기가 훨씬 쉬워져!

해충	해칠 해害 + 벌레 충蟲 사람이나 농작물에 해(害)가 되는 벌레(蟲).
유전자	끼칠 유遺 + 전할 전傳 + 씨 자子 후대에 영향을 끼쳐(遺) 전해(傳) 내려오는 어떤 원인이 되는 물질(子).
조작	잡을 조操 + 일할 작作 기계 등을 일정한 방식에 따라 잡고(操) 다루어 일함(駐).

핫독이와 단어 퀴즈 고고!

빈칸에 들어갈 알맞은 단어를 선으로 이어 봐! 이 정도는 할 수 있겠지?

- ◆ ＿＿＿ 을 박멸하기 위해 정기적으로 소독을 해요. •   • 해충
- ◆ 할머니께서는 기계 ＿＿＿ 을 어려워하세요. •   • 유전자
- ◆ 일반 옥수수의 ＿＿＿ 를 변형하여 슈퍼 옥수수를 만들었어요. •   • 조작

핫독이와 생각을 나누자!

- 유전자 조작 모기로 인해 모기가 박멸되는 과정을 이야기해 보세요.
- 만약 유전자 조작으로 돌연변이 모기가 나타난다면 어떤 모습일까요?

핫독이와 함께 배우는 오늘의 어휘력!

시사 용어

판도라의 상자

알게 되어도 전혀 좋지 않은 위험한 비밀.

예 새로운 과학 기술이 **판도라의 상자**가 될지 아직은 알 수 없다.

판도라의 상자란?

▲ 재앙이 담긴 상자를 연 '판도라'

신들의 왕 제우스는 프로메테우스의 동생을 이용해 인간들을 곤경에 빠뜨리기로 마음먹었어요. 제우스는 먼저 '판도라'라는 아름다운 여인에게 어떤 상자를 선물로 주며 프로메테우스의 동생 에피메테우스에게 가게 했어요. 그러면서 어떠한 일이 있어도 그 상자를 열어 보지 말라 하였지요. 그러나 시간이 지날수록 호기심이 생긴 그녀는 결국 에피메테우스 몰래 상자를 열어 보고 말았어요. 그러자 상자 안에 있던 욕심, 질투, 미움, 분노 등이 마구 쏟아져 나와 버렸어요. 호기심으로 인해 열지 않아야 하는 상자를 열어 재앙이 가득해진 것이었답니다. 그나마 희망이 재앙들 사이에 남아 있었지만 되돌릴 수 없는 일이었어요. 이처럼 알게 돼도 전혀 좋지 않은 위험한 비밀을 가리켜 '판도라의 상자'라 해요. 유전자 조작 기술 또한 나중에 해가 될지 득이 될지 모르기에 판도라의 상자가 될 수 있다는 목소리가 많아요. 당장의 앞만 보는 것이 아니라 멀리 내다보아야 한다는 우려의 이야기가 많답니다.

핫독이와 쓱싹쓱싹 쓰다 보면 어휘력 급상승!

'판도라의 상자'가 들어간 문장을 또박또박 바르게 따라 써 봐. 손에도 익고 입에도 착 붙을 거야!

주인공은 호기심에 이끌려 결국 열지 말아야 할 판도라의 상자를 열고 말았어요.

핫독이와 함께하는 신문 체크! 체크!

신문의 내용을 잘 떠올리며 풀어 보자. 기사를 더 깊이 이해하게 될 거야!

1. 신문의 주요 내용이 무엇인지 빈칸에 알맞은 말을 넣어 완성해 보자.

☐☐☐ 조작 모기로 모기 박멸, 정말 안전할까?

2. 신문 내용이 알맞으면 O, 틀리면 X를 해 보자.

- 모기는 사람들에게 도움보다 피해를 많이 주는 해충이에요. (　　　)
- 아프리카 지부티에서는 유전자 조작 암컷 모기 방사를 결정했어요. (　　　)
- 유전자 조작으로 돌연변이가 나올 가능성은 전혀 없어요. (　　　)

3. 밑줄에 알맞은 말을 써 보자.

유전자 조작 모기의 방사

- 긍정적: 유전자 조작 모기로 훨씬 친환경적으로 ___ ___ ___을 막을 수 있다고 주장함.
- 부정적: 유전자 조작 기술은 아직 안전하지 않아 예상치 못한 ___ ___ ___ ___가 나올 수 있음을 경고함.

4. 밑줄에 아래 단어를 넣어 신문의 내용을 한 문장으로 정리해 보자.

돌연변이　　해충　　유전자

사람을 위협하는 ___ ___인 모기를 퇴치하기 위해 ___ ___ ___를 조작한 모기를 자연에 방사하기로 하자 ___ ___ ___ ___가 나올 수 있다며 우려하는 시선들이 생겨났어요.

환경

다회용 컵이 오히려 지구를 해친다고요?

우리가 살아가고 있는 지구는 무척 소중해요. 그런데 나날이 지구의 환경이 점점 나빠지고 있어 문제가 되고 있어요. 더 이상 환경 오염을 줄이지 않으면 안 되는 상황에 이르렀답니다. 기업들 역시 이러한 흐름에 맞추어 '**친환경** 마케팅'을 실시하는 곳이 늘어나고 있어요. 친환경 마케팅은 환경 오염 ***방지**와 환경 보호를 강조한 마케팅을 말해요. 친환경 마케팅을 한 한 자동차 기업은 대기 오염을 줄이는 자동차 개발을 **홍보**하였고, 한 커피 전문 기업은 일회용 컵 사용을 줄이기 위한 목적으로 다회용 컵을 무료로 나누어 주는 행사를 펼치기도 하였어요. 옷을 만들어 판매하는 한 패션 기업은 바다에 배출된 쓰레기를 재활용해 친환경 옷을 만들어 판매하기도 했지요.

그런데 얼핏 보면 바람직한 이 기업들의 모습들이 눈속임이라며 비판하는 이들이 있어요. 녹색을 뜻하는 '그린(Green)'과 ***세탁**을 뜻하는 '워싱(Washing)'을 결합한, 이른바 '**그린워싱**'을 한다며 비판하고 있지요. 기업들이 친환경 제품을 만들고 판매하는 것처럼 그럴싸하게 홍보하고 있지만 실상은 친환경과 거리가 멀다고 지적하고 있답니다. 예컨대 대기 오염을 줄인다고 홍보했던 한 자동차 기업은 검사 결과 내용을 ***조작**했던 것으로 밝혀졌고, 커피 전문 기업에서 무료로 제공했던 다회용 컵은 사실 플라스틱으로 만들어져 환경에 큰 도움이 되지 않는다는 점, 바다 쓰레기를 재활용해 옷을 만드는 기업의 경우 해당 제품 외의 신제품을 계속 내놓아 오히려 산업 쓰레기를 늘린다는 점 등으로 큰 비판을 받았어요. 실제로는 환경에 큰 도움을 주지 못하고 있음에도 불구하고 이를 기업의 광고로 활용하는 것은 **모순**이라는 지적이 많답니다.

* **방지**(막을 방防, 그칠 지止): 어떤 일이 일어나지 못하게 막고 그만두게 함.
* **세탁**(씻을 세洗, 씻을 탁濯): 더러운 옷이나 물건 등을 빨음. 또는 더러운 옷을 빨듯 자금, 경력 등을 탈바꿈하는 일.
* **조작**(만들 조造, 지을 작作): 어떤 일을 사실인 듯이 꾸며 만들고 지음.

이 기사가 마음에 든 만큼 '엄지척'을 색칠해 주세요!

핫독이는 이 단어가 궁금해!

신문에 나온 주요 단어들을 알아보자! 단어의 정확한 뜻을 알면 기사 읽기가 훨씬 쉬워져!

친환경	친할 친親 + 고리 환環 + 장소 경境 자연환경(環境)을 있는 그대로 잘(親) 지키거나 어울리게 하는 일.
홍보	넓을 홍弘 + 알릴 보報 소식을 널리(弘) 알림(報).
모순	창 모矛 + 방패 순盾 동시에 존재할 수 없는 무적의 창(矛)과 방패(盾)처럼 이치상 어긋나서 맞지 않는 사실이나 상황.

핫독이와 단어 퀴즈 고고!

위에서 배운 단어들을 빈칸에 넣어 봐! 이 정도는 할 수 있겠지?

1. 우리 집은 오래전부터 ☐☐☐ 제품을 사용해 왔어요.

2. 좋아하는 가수가 새로운 과자의 ☐☐ 모델이 되었어요.

3. 무서운 건 싫다면서 귀신 영화를 계속 본다면 ☐☐이라고 할 수 있어요.

핫독이와 생각을 나누자!

- 기사를 읽고 생각나는 그린워싱의 예가 있다면 이야기해 보세요.
- 기업에서 환경을 지키기 위해 할 수 있는 일들에는 무엇이 있을까요?

핫독이와 함께 배우는 오늘의 어휘력!

시사 용어 **그린워싱**	**그린**(Green: 녹색) + **워싱**(Washing: 세탁)
	실제로는 친환경적이지 않지만 마치 친환경적인 것처럼 홍보하는 것.
	예 그린워싱이 아닌 지구 환경에 도움이 되는 제품을 생산하는 것이 중요하다.

그린워싱이란?

우리가 마트에서 만나는 여러 제품 중에는 친환경을 강조하는 제품들이 있어요. 그런데 실제론 친환경적이지 않은데도 마치 환경을 생각하는 것처럼 포장해 소비자를 속이는 기업들이 일부 있어 논란이 되기도 해요. 예를 들어, 종이를 만드는 어떤 한 기업이 재생 종이를 활용한다며 친환경적인 것처럼 홍보하였지만, 사실은 종이를 만드는 과정에서 많은 나무를 베어 내어 환경 파괴를 일으킨 경우처럼 말이지요. 이러한 '그린워싱'은 소비자의 올바른 판단을 방해할 수 있기 때문에 오늘날 우리나라에서는 '환경표지 인증 제도'를 시행하고 있어요. 생산의 전 과정에 걸쳐 에너지 및 자원의 소비를 줄이고 오염 물질의 발생을 최소화할 수 있는 제품인지 공정히 심사해 인증하고 있답니다.

▲ 환경표지 인증 마크

핫독이와 쓱싹쓱싹 쓰다 보면 어휘력 급상승!

'그린워싱'이 들어간 문장을 또박또박 바르게 따라 써 봐. 손에도 익고 입에도 착 붙을 거야!

초록색 포장을 더해 친환경 제품처럼 위장하는 것은 대표적인 그린워싱이에요.

핫독이와 함께하는 신문 체크! 체크!

신문의 내용을 잘 떠올리며 풀어 보자. 기사를 더 깊이 이해하게 될 거야!

1. 신문의 주요 내용이 무엇인지 빈칸에 알맞은 말을 넣어 완성해 보자.

☐☐☐ 마케팅을 위한 기업의 그린워싱 논란

2. 신문 내용이 알맞으면 O, 틀리면 X를 해 보자.

- 환경 오염은 과거에 비해 그 정도가 점점 심해지고 있어요. (　　　)
- 친환경 마케팅은 환경 보호를 중요하게 생각하는 마케팅이에요. (　　　)
- 그린워싱은 친환경 제품을 만드는 일을 말해요. (　　　)

3. 밑줄에 알맞은 말을 써 보자.

기업의 그린워싱

뜻 환경 오염 방지와 환경 보호를 강조한 ___ ___ ___ 마케팅으로 소비자에게 좋은 인상을 남기나 실제로는 그렇지 못함.

예
① 자동차 기업이 대기 오염 검사 결과를 조작함.
② 커피 기업의 다회용 컵이 사실은 플라스틱으로 만들어짐.
③ 패션 기업은 친환경 옷 외에 다량의 신제품을 생산함.

4. 밑줄에 아래 단어를 넣어 신문의 내용을 한 문장으로 정리해 보자.

그린워싱　　마케팅　　홍보

__________을 위해 실제로는 친환경적이지 않지만 마치 친환경적인 것처럼 제품을 ________하는 '______________'이 비판받고 있어요.

과학

지하 주차장, 전기차에서 불이 났다!

지난 2024년, 인천과 전주 등 전국 각지에서 전기차 화재 사건이 잇따랐어요. 2024년 8월에는 인천의 한 아파트 지하 **주차장**에서 전기차 1대가 폭발해 아파트 주민 120여 명이 ***대피**하고 주변에 있던 다른 자동차 140여 대가 불에 타 버리는 큰 **사고**가 일어났었지요. 이 사고로 480여 ***가구**의 전기와 수도가 끊겨 많은 사람이 무더위 속에서 큰 고통을 겪어야만 했어요. 자칫하면 엄청난 재산 피해와 함께 사람의 목숨도 위험해질 뻔한 사고였답니다.

이러한 전기차 화재는 무척 위험스러운 특징이 있어요. 한번 불이 붙으면 순식간에 온도가 약 1,000도까지 오르는 전기차 배터리의 특성 때문에 불이 날 경우 끄기가 매우 어려워요.

오늘날 아파트에 사는 사람들이 주로 주차하는 공간인 지하 주차장은 비교적 천장의 높이가 낮고 차들이 밀집해 있는 공간이에요. 이 때문에 전기차 화재가 일어날 경우, 매우 큰 사고로 이어질 확률이 높아요. 소방차가 진입하기도 어렵고, 불이 난 전기차를 물에 담그는 이동식 수조도 펼칠 수 없기 때문이지요. 더구나 환기가 잘되지 않아 전기차 화재 시 발생하는 ***가연성** 가스가 밖으로 잘 빠져나가지 않는다는 문제점도 있어요.

이러한 점들로 인해 전기차 화재 문제는 **뜨거운 감자**로 일컬어지고 있어요. 전기차는 진동과 소음이 적고 친환경적이라는 장점이 있어 날이 갈수록 수요가 늘고 있지만, **안전성** 문제에 대한 대비가 더 이루어져야 한다는 목소리가 점점 커지고 있답니다.

더 궁금하다면?

* **대피**(기다릴 대待, 피할 피避): 위험이나 피해를 당하지 않도록 기다리며 잠시 피함.
* **가구**(집 가家, 입 구口): 주거 및 생계를 같이하는 식구가 모인 집안을 세는 단위.
* **가연성**(가히 가可, 태울 연燃, 성질 성性): 불에 잘 탈 수 있거나 타기 쉬운 성질.

이 기사가 마음에 든 만큼 '엄지척'을 색칠해 주세요!

핫독이는 이 단어가 궁금해!

신문에 나온 주요 단어들을 알아보자! 단어의 정확한 뜻을 알면 기사 읽기가 훨씬 쉬워져!

주차장	머무를 주駐 + 자동차 차車 + 마당 장場 자동차(車)를 세워 한곳에 머무르게(駐) 하도록 마련한 곳(場).
사고	일 사事 + 까닭 고故 뜻밖에 일어난(故) 불행한 일(事).
안전성	편안할 안安 + 온전할 전全 + 성질 성性 위험이 생기거나 사고가 나지 않도록 편안하고(安) 온전하게(全) 하는 성질(性)이나 상태.

핫독이와 단어 퀴즈 고고!

빈칸에 들어갈 알맞은 단어를 선으로 이어 봐! 이 정도는 할 수 있겠지?

- 어린이 장난감은 더욱 ______ 에 신경 써야 해요. •
- 도로에서 자동차가 부딪히는 ______ 가 나자 경찰관이 와서 재빨리 수습하였어요. •
- ______ 에서는 뛰어다니거나 공을 갖고 놀지 않아야 해요. •

• 사고

• 안전성

• 주차장

핫독이와 생각을 나누자!

- 일부 아파트에서는 전기차를 지하 주차장에 주차하지 못하게 하는데 그 이유가 무엇일까요?
- 전기차를 지상 주차장에 주차한다면 불이 났을 때 아무 문제가 없을까요?

핫독이와 함께 배우는 오늘의 어휘력!

시사 용어 **뜨거운 감자**	중요한 문제이지만 쉽게 다루기 어려운 문제. 예 마스크 착용 의무에 대한 논란이 다시 **뜨거운 감자**로 떠올랐다.

뜨거운 감자란?

갓 삶거나 구운 감자는 함부로 먹으려 들면 손을 데기 쉽고, 그렇다고 마냥 내버려두면 차가워져서 맛이 없어지고 말아요. 여기서 유래한 말로, 사회적으로 중요한 일이지만 선뜻 나서서 다루기 어려운 문제를 가리켜 '뜨거운 감자'라고 해요. 전기차 화재는 우리 사회의 뜨거운 감자 중 하나예요. 전기 자동차는 일반 자동차와 달리 배기가스가 없고 소음이 적으며 효율이 높다는 여러 장점이 있으나, 달릴 수 있는 거리가 정해져 있고 충전 속도가 느리며 화재 위험성이 크다는 여러 단점을 갖고 있기 때문이지요. 특히 화재가 일어나면 순식간에 온도가 약 1,000도까지 오르고 유독 가스 등이 발생한다는 점이 큰 단점으로 주목받고 있답니다.

핫독이와 쓱싹쓱싹 쓰다 보면 어휘력 급상승!

'뜨거운 감자'가 들어간 문장을 알맞게 채우고 또박또박 바르게 따라 써 봐. 손에도 익고 입에도 착 붙을 거야!

아	파	트		지	하		주	차	장	에	서		발	생	한
전	기	차		화	재		문	제	는		여	전	히		뜨
거	운		감	자	로		주	목	받	고		있	어	요	.

핫독이와 함께하는 신문 체크! 체크!

신문의 내용을 잘 떠올리며 풀어 보자. 기사를 더 깊이 이해하게 될 거야!

1. 신문의 주요 내용이 무엇인지 빈칸에 알맞은 말을 넣어 완성해 보자.

지하 주차장에서 일어난 잇따른 ☐☐☐ 화재, 이대로 괜찮을까?

2. 신문 내용이 알맞으면 O, 틀리면 X를 해 보자.

- 아파트에서 큰 화재가 일어나면 여러 사람이 위험에 처해요. (　　　)
- 전기차의 경우 화재가 일어나면 온도가 천천히 올라요. (　　　)
- 지하 주차장은 소방차가 진입하기 쉬운 편이에요. (　　　)

3. 밑줄에 알맞은 말을 써 보자.

전기차 화재의 위험

- 전기차에서 불이 나면 약 1,000도까지 오르는 ____ ____ ____ 때문에 끄기가 매우 어려움.
- 아파트 ____ ____ 주차장에서 화재가 발생하면 소방차 진입이 어려워 큰 피해가 예상됨.

4. 밑줄에 아래 단어를 넣어 신문의 내용을 한 문장으로 정리해 보자.

주차장　　안전성　　화재

____ ____ 진화가 어려운 아파트 지하 ____ ____ ____에서 전기차 화재가 잇따르고 있어, 전기차의 ____ ____ ____ 문제에 대한 대비가 이루어져야 한다는 목소리가 커지고 있어요.

빈센트 반 고흐는 강렬한 색채를 활용한 자기만의 스타일로 여러 **명화**를 남긴 천재적인 화가예요. 「감자를 먹는 사람」, 「해바라기」, 「자화상」 등 여러 **명불허전**의 작품을 남겼지요. 그중 「해바라기」는 고흐를 '태양의 화가'라고 불리게 한 작품이에요. 그런데 이 「해바라기」 작품에 토마토수프가 끼얹어지는 예상치 못한 ***수난**이 닥치고 말았어요.

「해바라기」에 수프를 끼얹은 이들은 다름 아닌 **반달리즘**의 대표적 단체, '저스트 스톱 오일(Just Stop Oil)'이었어요. 기후 변화 문제의 심각성을 알리는 영국의 환경 운동 단체로, 정부의 화석 연료, 석유, 가스 정책을 비판하고자 문화유산에 잦은 ***테러**를 일삼는 단체이지요. 그들은 「해바라기」 작품에 수프를 뿌리고 관람객들 앞에서 환경 문제에 관한 **시위**를 했어요. 다행히 그림이 유리로 보호되어 있어 손상은 막았지만 자칫하면 세계적 명화가 훼손될 뻔한 일이었어요. 그들은 「해바라기」 이외에도 유네스코 세계 문화유산인 '스톤헨지'에 오렌지색 페인트를 뿌리고 영국 런던의 웨스트민스터 사원에 있는 생물학자 '찰스 다윈'의 묘에 주황색 스프레이 물감을 칠하는 등 여러 사건을 저질렀어요. 특히 ***진화론**을 주장했던 찰스 다윈의 묘에는 '1.5는 죽었다.'라는 글씨를 써 지구 평균 기온 상승이 1.5도를 넘은 상황을 비판했어요. 변화하는 환경에 적응하는 생물만이 살아남는다는 진화론의 내용처럼 기후 변화에 적응하기 위해서는 힘을 합쳐야 한다고 주장을 펼쳤답니다.

그러나 관심을 끌려는 그들의 방식은 아무리 뜻이 좋아도 문화유산을 훼손하는 부적절한 방식이기에 옳지 못하다는 비판을 받고 있어요. 평화적이고 정당한 방식이 아닌 폭력적인 그들의 방식이 범죄로 취급되는 이유예요.

* **수난**(받을 수受, 어려울 난難): 견디기 힘든 어려움을 당함.
* **테러**(Terror): 폭력을 써서 상대를 위협하거나 공포에 빠뜨리게 하는 행위.
* **진화론**(나아갈 진進, 될 화化, 말할 론論): 생명의 기원 이후로 생물이 변화하거나 발전해 왔다는 이론.

이 기사가 마음에 든 만큼 '엄지척'을 색칠해 주세요!

핫독이는 이 단어가 궁금해!

신문에 나온 주요 단어들을 알아보자! 단어의 정확한 뜻을 알면 기사 읽기가 훨씬 쉬워져!

명화	이름날 명名 + 그림 화畵 유명(名)한 그림(畵)이나 영화.
반달리즘	반달(Vandal: 반달족, 공공 기물 파손자) + 이즘(ism: 주의, 경향, 상태) 로마의 문화를 파괴했던 반달족(Vandal)의 모습에서 유래한 말로, 문화나 예술을 파괴하려는 경향을 이르는 말.
시위	보일 시示 + 위엄 위威 집회나 행진을 하며 위력(威)을 드러내어 보임(示).

핫독이와 단어 퀴즈 고고!

위에서 배운 단어들을 빈칸에 넣어 봐! 이 정도는 할 수 있겠지?

1. 미술관에 가면 여러 ☐☐를 관람할 수 있어요.

2. 소중한 문화유산을 파괴하는 ☐☐☐☐은 일어나지 않아야 해요.

3. 도심의 넓은 광장에는 ☐☐하는 사람들이 많이 있었어요.

핫독이와 생각을 나누자!

- 사람들의 관심을 끌기 위해 유명한 작품에 해를 끼치는 사람을 직접 본다면 어떤 생각이 들 것 같나요?
- 기후 변화의 위기를 경고하는 평화적인 방법에는 무엇이 있을까요?

핫독이와 함께 배우는 오늘의 어휘력!

성어 **명불허전**	이름 명名 + 아닐 불不 + 빌 허虛 + 전할 전傳
	'이름(名)이 헛되이(虛) 전해지지(傳) 않는다(不).'라는 뜻으로, 이름날 만한 까닭이 있음을 이르는 말.
	예 손흥민 선수의 슛 솜씨는 역시 **명불허전**이었다.

명불허전이란?

우리 사회에는 사람들에게 널리 이름이 알려진 인물들이 있어요. 각자가 가진 재능이나 노력을 바탕으로 훌륭한 위치에 도달한 이들이지요. 피나는 노력으로 세계 최고의 자리에 올랐던 피겨스케이팅 선수 김연아, 꾸준한 활약으로 아시아 최초 프리미어리그 득점왕까지 차지했던 축구 선수 손흥민 등이 대표적인 인물이라 할 수 있어요. 그들의 공통점은 바로 오랜 기간 노력하여 조금씩 그리고 꾸준히 명성을 쌓았다는 것이에요. 그렇기에 내실 있는 모습으로 오늘날 많은 사람에게 높은 평가를 받고 있답니다. '명불허전'은 이처럼 명성에 걸맞게 탄탄한 실력을 갖춘 이들을 가리킬 때 쓰는 표현이에요. 반대로, 알려진 이름에 비해 실력이 없는 이를 가리킬 때는 '속 빈 강정'이라는 표현을 사용하기도 해요.

▲ 축구의 새로운 역사를 쓴 손흥민 선수

핫독이와 쓱싹쓱싹 쓰다 보면 어휘력 급상승!

'명불허전'이 들어간 문장을 또박또박 바르게 따라 써 봐. 손에도 익고 입에도 착 붙을 거야!

지금까지도 많은 사람이 즐겨 읽는 삼국지는 역시 명불허전의 명작이라 할 수 있어요.

핫독이와 함께하는 신문 체크! 체크!

신문의 내용을 잘 떠올리며 풀어 보자. 기사를 더 깊이 이해하게 될 거야!

1. 신문의 주요 내용이 무엇인지 빈칸에 알맞은 말을 넣어 완성해 보자.

☐☐의 작품에 ☐☐를 끼얹는 과격한 시위 현장

2. 신문 내용이 알맞으면 O, 틀리면 X를 해 보자.

- 반 고흐는 희미한 색채를 사용하여 「해바라기」를 그렸어요. (　　　)
- 반 고흐의 작품에 수프를 끼얹은 사람들이 있어요. (　　　)
- 반달리즘은 예술의 소중함을 알리려는 여러 움직임을 뜻해요. (　　　)

3. 밑줄에 알맞은 말을 써 보자.

고흐의 「해바라기」에 토마토수프가 끼얹어지는 사건이 발생함.

- 영국의 환경 운동 단체가 ____ ____의 정책을 비판하고자 문화유산에 테러를 일으킴.
- 아무리 좋은 뜻이라도 문화유산을 ____ ____하는 것은 옳지 못하다는 비판이 이어지고 있음.

4. 신문의 내용을 한 문장으로 정리해 보자.

고흐의 「☐☐☐☐」에 수프를 끼얹는 등의 부적절한 행위로 ☐☐ 변화의 심각성을 알리려 한 반달리즘 단체가 큰 비판을 받고 있어요.

사회

45년 만에 일어난 한밤중의 비상계엄!

2024년 12월 3일, 한밤중에 누군가의 모습이 TV 화면에 잡혔어요. 바로 긴급 담화문을 통해 비상계엄을 **선포**하는 윤석열 전 대통령의 모습이었어요. 윤석열 전 대통령은 국회가 지나친 **탄핵** ***소추**, 다음 연도 정부 예산 삭감 등으로 국가 기관을 혼란스럽게 하고 있다며 계엄령을 선포하였답니다. 그런데 본래 '계엄'은 국가 **비상사태**에 사회의 안전과 질서를 지키기 위해 법을 집행하는 '행정권'과 법을 적용하는 '사법권'을 일정 지역에서 제한하는 것을 말해요. 그중 비상계엄은 전쟁이나 그와 비슷한 큰 혼란이 덮쳤을 때 내려지는 선포이지요. 하지만 윤석열 전 대통령이 선포한 계엄은 본래 의미에 알맞지 않은 계엄이라는 점에서 매우 뜻밖이었어요.

1979년 이후 45년 만에 일어난 이 계엄 사태는 적지 않은 충격을 안겨 주었어요. 많은 시민이 놀람과 우려 속에 급히 서울 여의도에 있는 국회로 모여들었답니다. 국민을 대표하는 국회의원들 역시 지휘관의 지시에 따를 수밖에 없던 군인들의 포위망을 뚫고 우여곡절 끝에 국회 안으로 들어갔어요. 그리고 곧 국회에 들어간 국회의원 190명 전원이 비상계엄 ***해제** 요구안을 만장일치로 ***가결**하는 데 성공했지요.

이에 윤석열 전 대통령은 비상계엄을 선포한 지 약 6시간 만에 계엄을 해제하였어요. 이러한 과정은 언론과 SNS 등을 통해 곳곳에 빠르게 알려졌어요. 한밤중의 갑작스러운 계엄 소식에 놀란 전국 곳곳의 국민들은 **민주주의** 질서가 쉽게 무너지는 일은 절대 있어서는 안 된다며 함께 비판의 목소리를 높였답니다.

더 궁금하다면?
비상계엄 당시의 영상을 확인해 보세요.

* **소추**(호소할 소訴, 쫓을 추追): 고위 공무원이 법을 어겼을 때 국가가 탄핵을 결의하는 일.
* **해제**(풀 해解, 덜 제除): 만들어진 어떤 것을 풀어 없앰.
* **가결**(옳을 가可, 결정할 결決): 회의에서 안건이 옳다고 결정함.

이 기사가 마음에 든 만큼 '엄지척'을 색칠해 주세요!

핫독이는 이 단어가 궁금해!

신문에 나온 주요 단어들을 알아보자! 단어의 정확한 뜻을 알면 기사 읽기가 훨씬 쉬워져!

선포	알릴 선宣 + 펼 포布
	세상에 널리 알려서(宣) 뜻을 펼침(布).
탄핵	꾸짖을 탄彈 + 캐물을 핵劾
	잘못을 꾸짖고(彈) 낱낱이 캐묻는(劾) 것으로, 법을 어긴 고위 공무원을 그만두게 하거나 처벌하는 일.
비상사태	아닐 비非 + 항상 상常 + 일 사事 + 모양 태態
	항상(常) 있었던 일이 아닌(非) 큰일(事)이 벌어진 위급한 상황(態).

핫독이와 단어 퀴즈 고고!

빈칸에 들어갈 알맞은 단어를 선으로 이어 봐! 이 정도는 할 수 있겠지?

- 헌법재판소는 대통령의 ________ 을 심판, 결정할 수 있어요. •   • 선포
- 태풍으로 큰 피해를 당한 지역이 특별 재난 지역으로 ________ 되었어요. •   • 탄핵
- 세계 보건 기구가 코로나19로 일어난 ________ 를 해제하기로 했어요. •   • 비상사태

핫독이와 생각을 나누자!

- 계엄령은 어떠한 때에 내려질 수 있을까요? 인터넷에서 헌법 제77조를 찾아보세요.
- 비상계엄 선포 이후 지금까지 어떠한 일이 일어났는지 가족과 이야기해 보세요.

핫독이와 함께 배우는 오늘의 어휘력!

시사 용어 **민주주의**	국민 민民 + 주인 주主 + 주인 주主 + 뜻 의意
	주권(主)이 국민(民)에게 있으며 국민을 위한 정치를 하는 제도나 사상(主意).
	예 사람을 존중하는 것은 민주주의의 기본 중의 기본이다.

민주주의란?

인간의 존엄성, 자유, 평등을 기본 이념으로 삼고 있는 '민주주의'는 우리에게 매우 친숙한 제도예요. 모든 국민이 나라의 주인으로서 권력을 가지고 그 권력을 스스로 행사하는 제도이지요. 민주주의는 어느 한 사람이나 정당이 권력을 독차지하는 것이 아닌 나라의 모든 국민이 자유롭고 평등하게 권리를 가진 정치 방식이에요. 일정 나이 이상이 되면 누구나 자유롭고 평등하게 선거를 통해 대표자를 선택할 수 있는 것도 민주주의에 따른 것이랍니다. 당연한 것 같지만 그동안 많은 사람의 희생과 노력으로 얻을 수 있었던 만큼 소중히 여기는 자세가 필요해요.

▲ 2025년 윤석열 대통령 탄핵 후 다시 치러진 대통령 선거

핫독이와 쓱싹쓱싹 쓰다 보면 어휘력 급상승!

'민주주의'가 들어간 문장을 또박또박 바르게 따라 써 봐. 손에도 익고 입에도 착 붙을 거야!

민주주의 국가에서는 모든 사람의 자유와 권리를 중요하게 생각해요.

핫독이와 함께하는 신문 체크! 체크!

신문의 내용을 잘 떠올리며 풀어 보자. 기사를 더 깊이 이해하게 될 거야!

1. 신문의 주요 내용이 무엇인지 빈칸에 알맞은 말을 넣어 완성해 보자.

한밤중에 일어난 비상 ☐☐ 선포와 해제

2. 신문 내용이 알맞으면 O, 틀리면 X를 해 보자.

- 2024년 12월 3일, 전쟁으로 비상계엄령이 선포되었어요. (　　　)
- 비상계엄은 전쟁이나 그와 비슷한 큰 혼란이 덮쳤을 때 내려지는 선포예요. (　　　)
- 국회는 비상계엄 해제 요구안을 만장일치로 가결하였어요. (　　　)

3. 밑줄에 알맞은 말을 써 보자.

윤석열 전 대통령의 비상계엄 선포

① 12월 3일, 비상계엄이 갑작스레 ＿＿＿＿됨.
② 국회의원과 많은 시민이 우려 속에 국회로 향함.
③ 우여곡절 끝에 비상계엄 ＿＿＿＿요구안이 가결됨.
④ 비상계엄 선포 후 약 6시간 만에 계엄이 해제됨.

4. 밑줄에 아래 단어를 넣어 신문의 내용을 한 문장으로 정리해 보자.

비상계엄　　충격　　해제

2024년 12월 3일, 윤석열 전 대통령이 갑작스럽게 선포한 ＿＿＿＿＿＿이 약 6시간 만에 ＿＿＿＿되는 과정에서 많은 국민이 큰 ＿＿＿＿에 빠졌었어요.

토론을 좋아하는 뜨감이와 고구미는 네 생각이 궁금해!

118쪽의 신문은 유전자 조작 모기에 관한 기사였어. 유전자 조작 모기는 전염병을 예방하지만, 일부 환경 단체에서는 자칫 예상치 못한 돌연변이 모기가 나올 수 있다고 경고하는데 이 문제에 대한 친구들의 생각을 들려줘!

모기 퇴치를 위해 유전자 조작 기술을 활용해야 한다!

안전성이 확실하지 않은 유전자 조작 기술을 활용하는 것은 아직 이르다!

❶ 주장	❷ 근거	❸ 예시나 해결 방법	❹ 의견 강조
스스로 생각한 나의 주장을 써요.	다른 사람을 설득할 수 있어야 해요.	주변에서 적절한 예를 찾아보아요.	앞서 말한 생각을 한번 더 강조해요.

뜨감이의 생각

[1]나는 모기 퇴치를 위해 유전자 조작 기술을 활용하는 것은 아직 이르다고 생각해. [2]왜냐하면 유전자 조작 모기를 방사해 모기의 번식을 막으려 해도 시간이 지나면서 돌연변이 모기 같은 위험이 생길 수 있기 때문이야. [3]만약 미처 예상치 못한 또 다른 모기까지 나타난다면 해결책을 찾기 전에 그 수가 오히려 더 많아질지도 몰라. [4]따라서 아직은 유전자 조작 기술의 활용보다 모기로 인한 전염병 예방과 백신 개발을 먼저 해야 한다고 생각해.

방울이는 창의 가득한 생각 열매를 좋아해!

126쪽의 신문을 읽어 보면 여러 장점이 많은 전기차라도 화재에 취약하여 끔찍한 사건들이 자주 일어난다는 걸 알 수 있어. 내가 전기차를 만드는 회사의 개발자라고 생각하며 기자와 인터뷰해 보자.

기자: 안녕하세요? 반갑습니다. 다락원 뉴스 조심해 기자입니다. 먼저 전기차 개발에 참여하시게 된 계기가 무엇인지 여쭤보고 싶습니다.

개발자:

기자: 그렇군요. 그럼 간단히 전기차의 장점을 소개해 주실 수 있을까요?

개발자:

기자: 최근 잇따르고 있는 전기차 화재 사건에 대해 우려하고 있는 일반 시민들이 많습니다. 이에 대한 생각도 여쭤보고 싶습니다.

개발자:

챗GPT가 이제 나를 기억한다!

지난 2022년 말, 전 세계를 깜짝 놀라게 한 등장이 있었어요. 바로 인공 지능 서비스 '챗GPT'의 등장이었어요. 챗GPT는 미국의 오픈AI에서 개발한 대화형 인공 지능 서비스로, 단순한 검색 서비스를 넘어 과제, 문서 등을 이용자 **의도**에 맞게 작성해 주는 서비스예요. 설명이 담긴 명령어를 입력하면 그에 맞는 이미지나 동영상까지 만들어 주는 놀라운 성능을 자랑하지요.

그런데 이 챗GPT에 이용자와 관련된 정보를 **기억**하는 새로운 기능이 추가되기로 해 큰 화제가 되었어요. 가령 챗GPT에 "우리 가족은 푸른 바다를 좋아하고 대게 요리를 좋아한다."라고 입력한 후, 다른 대화에서 우리 가족의 여름 여행지를 추천해 달라고 하면 과거 정보를 바탕으로 "이번 여름에는 동해와 가깝고 대게 요리가 유명한 경북 울진을 여행지로 추천합니다."와 같이 대답을 제공하는 식이지요. 분명 편리한 기능이라 할 수 있지만, 모든 이용자의 특성을 저장한다는 점 때문에 과도한 **개인 정보** ***수집**과 **유출**에 대한 우려가 일어났답니다.

한편, 2025년 3월에는 챗GPT의 새로운 이미지 ***변환** 서비스가 매우 큰 주목을 받았어요. 이용자가 자신의 사진을 ***업로드**한 후 명령어를 입력하면 그 사진을 지브리, 디즈니 등의 특정 애니메이션 스타일로 바꾸어 주는 서비스였지요. 이 흥미로운 서비스는 이용자들의 큰 호응을 이끌었어요. 그러나 한쪽에선 이용자가 사진을 업로드할 때마다 소중한 개인 이미지 정보가 과도하게 수집되고, 애니메이션 관련 저작권 침해 등도 일어날 수 있다며 우려의 시선을 보내고도 있답니다.

더 궁금하다면?

* **수집**(모을 수蒐, 모을 집集): 어떤 물건이나 자료들을 찾아서 모음.
* **변환**(바뀔 변變, 바꿀 환換): 어떤 사물이 전혀 다른 사물로 바뀜. 또는 어떤 사물을 전혀 다른 사물로 다르게 바꿈.
* **업로드**(Upload): 컴퓨터 통신망을 통하여 다른 컴퓨터 시스템에 파일이나 자료를 전송하는 일.

이 기사가 마음에 든 만큼 '엄지척'을 색칠해 주세요!

핫독이는 이 단어가 궁금해!

신문에 나온 주요 단어들을 알아보자! 단어의 정확한 뜻을 알면 기사 읽기가 훨씬 쉬워져!

의도	뜻 의意 + 계획할 도圖 무엇을 하고자 하는 뜻(意)과 계획(圖).
기억	기록할 기記 + 생각할 억憶 지난 일을 마치 적어두듯(記) 간직하거나 생각해(憶) 냄.
유출	흐를 유流 + 날 출出 귀중한 물품이나 정보 등이 불법적으로 흘러(流) 나감(出).

핫독이와 단어 퀴즈 고고!

위에서 배운 단어들을 빈칸에 넣어 봐! 이 정도는 할 수 있겠지?

1. 지은이의 ☐☐를 알고 책을 읽으면 더욱 깊이 읽을 수 있어요.

2. 동생과 함께 찍은 사진을 보고 즐거웠던 ☐☐을 떠올렸어요.

3. 우리나라의 기술이 다른 나라로 ☐☐되지 않도록 산업 전반에 각별한 주의가 필요해요.

핫독이와 생각을 나누자!

- 혹시 챗GPT를 사용해 본 적 있나요? 챗GPT의 장점으로는 무엇이 있을까요?
- 만약 오픈AI의 이용자 정보가 유출된다면 어떤 일들이 생길까요?

핫독이와 함께 배우는 오늘의 어휘력!

시사 용어 **개인 정보**	낱 개個 + 사람 인人 + 실상 정情 + 알릴 보報
	개인(個人)을 구별하고 알아볼 수 있는 여러 가지 정보(情報).
	예 디지털 사회에서 **개인 정보**는 소중히 관리되어야 한다.

개인 정보란?

'개인 정보'란 한 사람 한 사람을 알아볼 수 있는 여러 가지 정보를 뜻해요. 얼굴이나 이름, 주소, 생년월일과 같은 그 사람만의 정보를 말하지요. 디지털 사회인 오늘날에는 개인 정보가 자칫 외부로 쉽게 새어 나갈 수 있는 위험이 있기 때문에 더 많이 조심해야 해요. 주소나 전화번호 등의 개인 정보가 유출되면 사생활이 침해받을 수 있고, 심할 경우 범죄에 악용될 수도 있어 철저한 관리가 필요하답니다. 정보를 손쉽게 얻고 이용할 수 있는 사회가 된 만큼 나를 포함한 다른 사람의 개인 정보도 소중히 여기는 자세가 중요하다고 할 수 있어요.

핫독이와 쓱싹쓱싹 쓰다 보면 어휘력 급상승!

'개인 정보'가 들어간 문장을 또박또박 바르게 따라 써 봐. 손에도 익고 입에도 착 붙을 거야!

인터넷을 이용할 때 개인 정보를 함부로 입력하거나 다른 사람의 개인 정보를 쉽게 다루어선 안 돼요.

핫독이와 함께하는 신문 체크! 체크!

신문의 내용을 잘 떠올리며 풀어 보자. 기사를 더 깊이 이해하게 될 거야!

1. 신문의 주요 내용이 무엇인지 빈칸에 알맞은 말을 넣어 완성해 보자.

챗GPT의 개인 ☐☐ 수집과 저작권 침해 우려

2. 신문 내용이 알맞으면 O, 틀리면 X를 해 보자.

- 챗GPT는 미국의 오픈AI에서 개발한 대화형 인공 지능 서비스예요. (　　　)
- 이용자와 관련된 정보를 기억하는 새로운 챗GPT 기능이 주목받았어요. (　　　)
- 챗GPT를 이용해 사진을 특정 애니메이션 스타일로 바꾸는 것이 법으로 금지되어 있어요. (　　　)

3. 밑줄에 알맞은 말을 써 보자.

챗GPT의 편리한 기능과 그에 대한 우려

- 이용자와 관련된 정보를 기억하는 새로운 기능.
  → 과도한 개인 정보 수집과 ____ ____에 대한 우려가 있음.
- 특정 애니메이션 스타일로 이미지를 바꾸어 주는 서비스.
  → 개인 이미지 정보가 과도하게 수집되고, 애니메이션 관련 ____ ____ ____ 침해가 우려됨.

4. 신문의 내용을 한 문장으로 정리해 보자.

대화형 ☐☐☐☐ 서비스 '챗GPT'의 정보 ☐☐ 기능 추가 소식에 편리한 이용을 반기는 이들과 개인 ☐☐ 유출을 걱정하는 이들 등 여러 반응이 나타났어요.

포장을 하는 데도 수수료를 내라고요?!

코로나19 이후 직접 만나지 않는 비대면 거래가 늘어나면서 외식 문화 역시 집에서 음식을 **배달**시켜 즐기는 모습으로 많이 바뀌었어요. 스마트폰 몇 번의 터치만으로도 음식이 집 앞까지 뚝딱 배달되며 편리한 '배달 ***플랫폼**' 산업이 이 시대의 **황금알을 낳은 거위**로 급부상하고 있답니다.

그런데 최근 국내 배달 플랫폼 중 한 곳이 **포장** 주문에도 **수수료**를 ***부과**하겠다고 밝혀 논란이 일어났어요. 그동안은 배달 주문 때에만 수수료를 내곤 했었는데 소비자가 직접 가게로 가 음식을 포장해서 가져오는 것에도 수수료를 받겠다고 공지한 것이었죠. 배달 플랫폼의 입장에서는 배달 주문과 포장 주문 모두에 수수료를 부과할 수 있으니 더 많은 수익이 생기게 되는 셈이었어요.

하지만 많은 이용객은 포장 주문 수수료를 두고 반대 목소리를 내었어요. 직접 가게로 가는 수고로움이 드는데도 수수료를 부과하는 것은 타당하지 않다며 불쾌감을 나타냈지요. 일부 전문가들은 포장 주문 수수료가 붙으면 결국 음식값이 오르게 되고, 소비자의 부담 역시 늘어난다는 점을 비판했어요. 가게를 운영하는 점주 입장에서도 포장 주문 수수료까지 내면 남는 것이 없다며 크게 반발하였답니다.

이에 대해 업체 측에서는 그동안 ***자영업자**들을 위해서 무료 정책을 이어왔고, 포장 주문이든, 배달 주문이든 플랫폼을 이용하는 건 마찬가지라 동일하게 관리비가 든다고 반박했어요. 고객들이 배달 앱에서 편리하게 가게와 메뉴를 골라 주문까지 할 수 있도록 돕고 있기에 그에 대한 수수료 부과는 정당한 이익이라 주장하고 있답니다.

* **플랫폼**(Platform): 역에서 기차를 타고 내릴 수 있게 만들어진 곳처럼 누구나 다양하고 방대한 정보를 쉽게 활용할 수 있도록 제공하는 서비스.
* **부과**(거둘 부賦, 매길 과課): 세금 등을 거두거나 매김.
* **자영업자**(스스로 자自, 꾀할 영營, 일 업業, 사람 자者): 스스로 직접 사업을 경영하는 사람.

이 기사가 마음에 든 만큼 '엄지척'을 색칠해 주세요!

핫독이는 이 단어가 궁금해!

신문에 나온 주요 단어들을 알아보자! 단어의 정확한 뜻을 알면 기사 읽기가 훨씬 쉬워져!

배달	나눌 배配 + 이를 달達
	물건을 가져다가 받는 사람별로 나누어(配) 전달함(達).
포장	쌀 포包 + 쌀 장裝
	물건을 싸서(包) 꾸림(裝).
수수료	손 수手 + 셈 수數 + 값 료料
	어떤 일에 대해 손(手)봐 준 것을 셈(數)해서 받는 값(料).

핫독이와 단어 퀴즈 고고!

위에서 배운 단어들을 빈칸에 넣어 봐! 이 정도는 할 수 있겠지?

1. 아버지께서 우릴 위해 맛있는 치킨을 ☐☐ 시키셨어요.

2. 친구에게 줄 생일 선물을 열심히 ☐☐ 하였어요.

3. 우체국에서 소포를 부치며 ☐☐☐ 를 냈어요.

핫독이와 생각을 나누자!

- 예전 배달 앱이 없었을 때는 어떻게 주문하고 음식을 받았을까요?
- 나라면 포장할 때 수수료를 내더라도 편리한 배달 앱을 이용할 것인가요, 아니면 다른 방법으로 주문할 것인가요?

핫독이와 함께 배우는 오늘의 어휘력!

시사 용어 **황금알을 낳는 거위**	높은 수익을 내는 일 또는 사업을 가리키는 말이자, 탐욕이 현재의 재산과 가치를 앗아가 버릴 수 있음을 경계하는 말. 예 한때 탕후루 가게는 **황금알을 낳는 거위**로 여겨졌다.

황금알을 낳는 거위란?

옛날 어떤 한 사람이 거위 여러 마리를 키웠는데 그중 한 마리가 무척 특별했어요. 그 거위는 바로 황금알을 매일 1개씩 낳는 대단한 거위였답니다. 주인은 그 거위를 소중히 대했지만, 이내 욕심을 가지기 시작했어요. 기다리기만 하면 매일 황금알 하나를 얻을 수 있음에도 불구하고 한꺼번에 많은 황금알을 갖고 싶어 했던 거예요. 그래서 그는 결국 황금알 여러 개를 꺼내려 거위의 뱃속을 가르고 말았어요. 물론 거위의 뱃속에는 아무것도 없었고, 그제야 황금알을 낳는 거위가 그토록 소중한 존재였다는 것을 깨닫게 되었어요. 이 이야기에서 유래한 '황금알을 낳는 거위'는 오늘날 주기적으로 높은 수익을 가져다주는 일이나 사업을 가리키는 말로 쓰여요. 그리고 욕심이 화를 부를 것을 경계할 때도 사용되곤 한답니다.

핫독이와 쓱싹쓱싹 쓰다 보면 어휘력 급상승!

'황금알을 낳는 거위'가 들어간 문장을 또박또박 바르게 따라 써 봐. 손에도 익고 입에도 착 붙을 거야!

욕심을 부리면 황금알을 낳는 거위를 잃어버릴 수 있어요.

핫독이와 함께하는 신문 체크! 체크!

신문의 내용을 잘 떠올리며 풀어 보자. 기사를 더 깊이 이해하게 될 거야!

1. 신문의 주요 내용이 무엇인지 빈칸에 알맞은 말을 넣어 완성해 보자.

배달 플랫폼, 포장 ☐☐에도 수수료 부과해 논란

2. 신문 내용이 알맞으면 O, 틀리면 X를 해 보자.

- 배달 앱을 이용하면 편리하게 주문할 수 있어요. (　　　)
- 많은 이용객은 포장 주문 수수료를 두고 찬성의 목소리를 냈어요. (　　　)
- 포장 주문에 수수료가 붙으면 음식값이 오를 가능성이 커요. (　　　)

3. 밑줄에 알맞은 말을 써 보자.

배달 플랫폼의
포장 주문 수수료 부과 논란

소비자 입장	배달 플랫폼 입장
직접 가게로 찾아가는 수고로움이 드는 ___ ___ 주문에까지 수수료를 부과하는 것은 타당하지 않음.	배달 주문이든 포장 주문이든 플랫폼을 이용하는 것은 마찬가지이므로 ___ ___ ___ 부과는 정당함.

4. 신문의 내용을 한 문장으로 정리해 보자.

☐☐ 플랫폼에서 손님이 직접 가게에 방문하는 ☐☐ 주문에도 ☐☐☐를 받기로 결정해 거센 반발이 일어나고 있어요.

체질량 지수 25 vs 27 과연 비만의 기준은?

현재 이 순간에도 맛있는 음식을 앞에 두고 고민하고 있는 사람들이 있어요. 바로 다이어트를 하는 사람들이에요. 그중에서도 특히 **비만**에 가까운 이들은 식사 조절에 더욱 민감한 편이에요. 그런데 최근 국민건강보험공단 부설 건강보험연구원이 발표한 한 연구 결과가 큰 주목을 받았어요. 바로 우리나라에서 적용하고 있는 비만의 기준을 ***완화**해야 한다는 내용을 담은 연구 결과였어요.

오늘날 비만을 파악하기 위해 일반적으로 사용되는 방법은 '체질량 지수(BMI)'를 활용한 방법이에요. 체질량 지수는 몸무게를 키의 제곱으로 나눈 값인데 이 체질량 지수가 25 이상이면 그동안 우리나라에서는 비만으로 **분류**해 왔어요. 건강보험연구원은 이에 대해 이제는 체질량 지수 27 이상을 비만으로 해야 한다고 ***제안**하였답니다. 성인 847만 명을 대상으로 21년간 추적하며 관찰·연구한 결과, 25 구간에서는 사망 위험이 가장 낮고 29 구간에서 두 배로 위험이 커진다는 점을 발견해 기준을 27 이상으로 올리자고 한 것이었죠. 사실 본래 세계 보건 기구는 일반적으로 체질량 지수 30 이상을 비만으로 분류해 왔어요. 또 같은 아시아 국가인 중국은 28 이상, 일본은 남성 27.7, 여성 26.1 이상으로 분류해 왔기에 우리나라의 기준이 너무 엄격하다는 ***지적**의 목소리가 있어 왔지요. 그러나 이에 대해 대한비만학회 등은 비만의 기준을 완화하면 비만에 대한 경각심이 줄어들어 국민 건강에 부정적인 영향이 미칠 것이라며 **돌다리도 두들겨 보고 건너야 한다**고 주장하고 있어요. 체질량 지수가 증가할수록 관련 **질병**의 위험이 커진다고 강조하고 있답니다. 이렇게 서로 다른 주장이 충돌하며 비만 기준 완화에 대한 논쟁이 길어지고 있어요.

* **완화**(느슨할 완緩, 될 화化): 긴장된 상태나 급박한 것을 느슨하고 온화하게 함.
* **제안**(들 제提, 생각 안案): 생각이나 의견을 드러내 놓음. 또는 그런 생각이나 의견.
* **지적**(가리킬 지指, 딸 적摘): 어떤 것을 가리켜 열매를 따듯 꼭 집어냄.

이 기사가 마음에 든 만큼 '엄지척'을 색칠해 주세요!

신문에 나온 주요 단어들을 알아보자! 단어의 정확한 뜻을 알면 기사 읽기가 훨씬 쉬워져!

비만	살찔 비肥 + 넉넉할 만滿 살이 쪄서(肥) 몸이 넉넉하고(滿) 뚱뚱함.
분류	나눌 분分 + 무리 류類 공통된 성질에 따라 무리(類)별로 나눔(分).
질병	병 질疾 + 병 병病 몸의 온갖 병(疾=病).

위에서 배운 단어들을 빈칸에 넣어 봐! 이 정도는 할 수 있겠지?

1. 자주 야식을 먹으면 [　][　]이 될 수 있어요.

2. 도서관에 반납된 책은 책의 종류에 따라 [　][　]돼요.

3. 전염병이 유행할 때에 마스크를 잘 챙겨 쓰면 [　][　]의 감염을 예방할 수 있어요.

- 내가 만약 비만의 기준을 결정할 수 있다면 체질량 지수 몇 이상을 비만으로 분류하고 싶나요?
- 비만의 기준이 완화되면 다이어트 관련 회사는 좋을까요, 좋지 않을까요?

핫독이와 함께 배우는 오늘의 어휘력!

속담 돌다리도 두들겨 보고 건너라

확실해 보이는 일이라도 다시 한번 확인하고 조심하라는 뜻.

예 돌다리도 두들겨 보고 건너는 자세로 다시 한번 문제를 풀어 보았다.

돌다리도 두들겨 보고 건너라란?

뉴스를 보다 보면 안전사고에 관한 안 좋은 소식을 전해 들을 때가 있어요. 괜찮을 것이라는 안일한 생각으로 방심하다 안전이 무너지는 경우가 있지요. 비단 안전뿐만 아니라 우리가 살아가면서 잘 안다고 생각하는 일, 쉽다고 생각하는 일 중에는 무심코 방심하다 큰 사고로 이어지는 일도 있어요. 한 번 더 살피는 세심함, 깊이 생각하고 행동하는 신중함이 있었더라면 하는 생각이 절로 드는 일들이지요. '돌다리도 두들겨 보고 건너라.'라는 속담은 아무리 튼튼한 돌다리라도 홍수나 지진 등으로 갈라진 틈이 있을 수 있듯이 확실해 보이는 일도 한 번 더 확인하라는 뜻의 속담이에요. 우리가 성장하면서 중요한 결정을 해야 할 때가 오면 더욱 필요할 신중함을 강조한 속담이라 할 수 있답니다.

핫독이와 쓱싹쓱싹 쓰다 보면 어휘력 급상승!

'돌다리도 두들겨 보고 건너라'가 들어간 문장을 또박또박 바르게 따라 써 봐. 손에도 익고 입에도 착 붙을 거야!

등교 전 '돌다리도 두들겨 보고 건너라.'라는 말을 떠올리며 알림장을 다시 살폈어요.

신문의 내용을 잘 떠올리며 풀어 보자. 기사를 더 깊이 이해하게 될 거야!

1. 신문의 주요 내용이 무엇인지 빈칸에 알맞은 말을 넣어 완성해 보자.

우리나라 ☐☐ 기준 완화를 두고 고민 깊어져

2. 신문 내용이 알맞으면 O, 틀리면 X를 해 보자.

- 최근 건강보험연구원은 비만 기준을 강화해야 한다고 말하였어요. (　　　)
- 우리나라는 체질량 지수 27 이상을 비만으로 분류해 왔어요. (　　　)
- 대한비만학회는 비만 기준 완화에 반대하고 있어요. (　　　)

3. 밑줄에 알맞은 말을 써 보자.

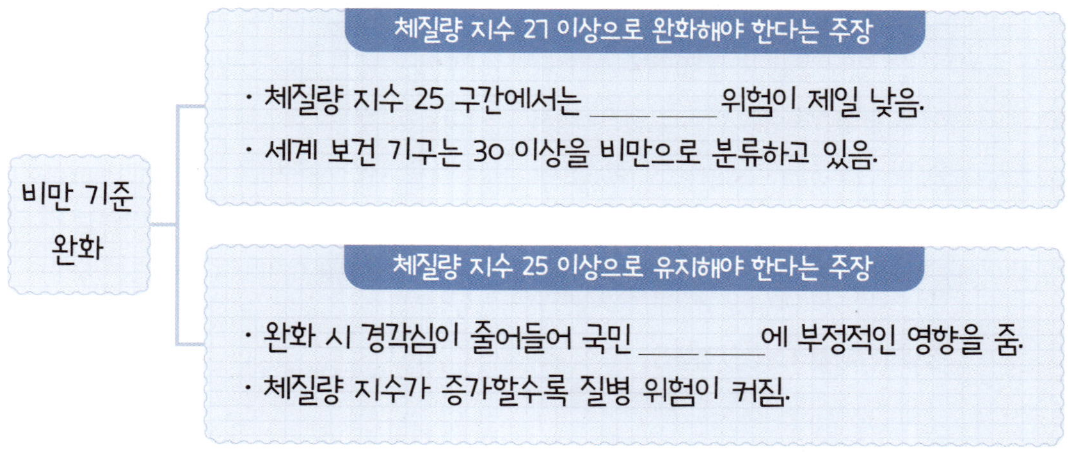

4. 신문의 내용을 한 문장으로 정리해 보자.

건강보험연구원은 우리나라 ☐☐ 기준을 체질량 지수 27 이상으로 ☐☐해야 한다고 주장하고 있지만 일각에서는 우려를 표하고 있어요.

보고 싶어도 볼 수 없는 영화가 있다고요?

사람들이 자주 찾는 멀티플렉스 영화관에서는 여러 영화가 **상영**되어요. 한 건물에 여러 상영관이 모여 있어 **관객**들이 쉽게 여러 영화를 만날 수 있지요. 하지만 요즘 많은 영화관이 마치 ***단일** 상영관인 모노플렉스처럼 하나의 영화가 여러 상영관을 독차지하고 있는 모습을 쉽게 만날 수 있어요. 과거 개봉해 **흥행** ***독주**를 이어 갔던 「어벤져스: 엔드게임」의 경우도 우리나라 전체 상영관의 90%를 넘는 비율을 차지했었답니다. 그로 인해 다른 영화들은 이른 오전 위주로 상영하고 대형 영화(블록버스터)에 자리를 내주고 말았었지요. 과거 「괴물」, 「명량」 등의 영화도 비슷한 과정을 거쳐 논란이 일어났었어요.

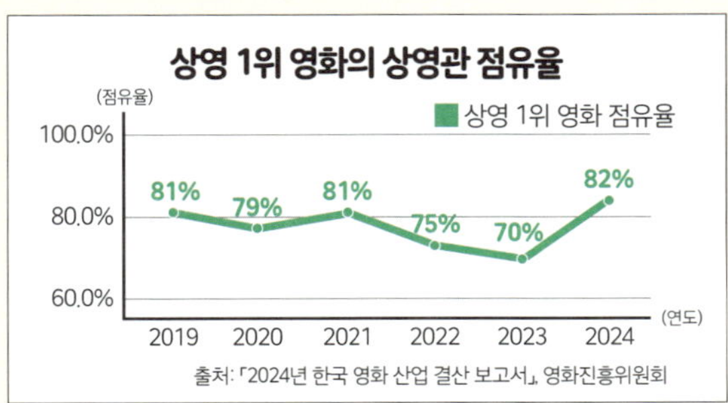

출처: 「2024년 한국 영화 산업 결산 보고서」, 영화진흥위원회

이렇다 보니 일부 대형 영화의 **스크린 독과점**을 막아야 한다는 주장이 계속 나오고 있어요. 다양한 영화를 즐길 권리가 있는 관객으로서는 선택의 권리를 잃어버리고 있다고 말하는 이가 적지 않지요. 또한 적은 제작비로 만들어진 영화들도 관객들을 만나야 영화 산업 전체가 발전할 수 있다며 스크린 독과점을 비판하는 사람들도 많아요.

이에 반하여 코로나19로 그동안 큰 손해를 본 영화관들이 관객들을 끌어들이기 위해 흥행하는 대형 영화를 선택하는 것은 자연스러운 결정이며, 스크린 독과점을 막아 대기업의 영화 ***투자**가 줄어들면 영화계 전체의 손해라는 주장도 함께 제기되고 있답니다.

* **단일**(홑 단單, 한 일一): 오직 하나.
* **독주**(홀로 독獨, 달릴 주走): 다른 경쟁 상대를 뒤로 떼어 놓고 혼자서 뛰듯 앞서 나감.
* **투자**(던질 투投, 재물 자資): 이익을 얻을 목적으로 사업 등에 돈, 재물 등을 댐.

이 기사가 마음에 든 만큼 '엄지척'을 색칠해 주세요!

핫독이는 이 단어가 궁금해!

신문에 나온 주요 단어들을 알아보자! 단어의 정확한 뜻을 알면 기사 읽기가 훨씬 쉬워져!

상영	윗 상上 + 비출 영映 스크린이나 화면 위(上)로 필름에 빛을 비춰(映) 영상 등을 보여 줌.
관객	볼 관觀 + 손님 객客 공연, 영화 등을 보는(觀) 손님(客).
흥행	일어날 흥興 + 행할 행行 유행(行)을 불러일으킴(興).

핫독이와 단어 퀴즈 고고!

위에서 배운 단어들을 빈칸에 넣어 봐! 이 정도는 할 수 있겠지?

1. 그 영화는 ☐☐ 시간이 길었지만, 무척 재미있었어요.

2. 뮤지컬 공연장이 많은 ☐☐으로 가득 찼어요.

3. 이 영화는 인기 배우들이 출연하고 많은 제작 비용이 들었지만 ☐☐에는 실패했어요.

핫독이와 생각을 나누자!

- 스크린 독과점으로 받는 우리들의 피해에는 어떤 것들이 있을까요?
- 만약 내가 10개의 상영관을 가진 영화관의 사장이라면 대형 영화를 얼마나 배정하고 싶나요?

핫독이와 함께 배우는 오늘의 어휘력!

시사 용어 **스크린 독과점**	스크린(Screen: 영화) + 홀로 독獨 + 적을 과寡 + 차지할 점占
	적은 수(獨, 寡)의 영화가 대부분의 상영관을 차지하는(占) 현상.
	예 스크린 독과점으로 관객들이 볼 영화가 줄어들었다.

스크린 독과점이란?

영화관에서 상영되는 수많은 영화 중 막대한 제작비를 들여 만든 대형 영화(블록버스터)들은 개봉 전부터 어마어마한 규모의 홍보가 이루어져요. 주연 배우의 방송 출연부터 시작해 포스터, 광고 등 여러 방법으로 사람들에게 영화를 알리지요. 그렇게 홍보가 이루어진 후 개봉을 하면 최대한 많은 상영관을 확보하여 흥행을 노리는 방식을 취하곤 해요. 대표적으로 「명량」, 「어벤져스: 엔드 게임」 등의 작품이 이러한 '스크린 독과점'의 모습을 보여 주었답니다. 현재 이에 대해 스크린 독과점이 최대한 많은 이익을 내야 하는 기업으로서는 불가피하다는 주장, 스크린 독과점이 관객들의 선택의 폭을 줄이고 저예산 영화의 발전을 막고 있다는 주장 등이 서로 맞서고 있어요.

핫독이와 쓱싹쓱싹 쓰다 보면 어휘력 급상승!

'스크린 독과점'이 들어간 문장을 또박또박 바르게 따라 써 봐. 손에도 익고 입에도 착 붙을 거야!

스크린 독과점으로 한 영화가 여러 상영관을 차지했어요.

핫독이와 함께하는 신문 체크! 체크!

신문의 내용을 잘 떠올리며 풀어 보자. 기사를 더 깊이 이해하게 될 거야!

1. 신문의 주요 내용이 무엇인지 빈칸에 알맞은 말을 넣어 완성해 보자.

대형 영화의 스크린 독과점으로 인한 ☐☐ 독주

2. 신문 내용이 알맞으면 O, 틀리면 X를 해 보자.

- 멀티플렉스는 한 건물에 여러 상영관이 함께 있는 영화관을 말해요. (　　　)
- 스크린 독과점 현상으로 관객의 영화 선택 폭이 늘어났어요. (　　　)
- 코로나19 팬데믹으로 영화관들의 수입이 많이 늘어났었어요. (　　　)

3. 밑줄에 알맞은 말을 써 보자.

대형 영화의 스크린 독과점

옹호 입장	비판 입장
영화관들이 ____ ____을 끌어들이기 위해 흥행하는 대형 영화를 선택하는 것은 자연스러운 결정임.	관객에게 다양한 ____ ____를 즐길 수 있는 선택의 권리를 주어야 함.

4. 신문의 내용을 한 문장으로 정리해 보자.

일부 대형 영화가 여러 개의 ☐☐☐을 차지하여, 관객들이 영화를 선택할 수 있는 권리를 침해하고 있어 스크린 ☐☐☐을 반대하는 비판의 목소리가 나타나고 있어요.

캐나다엔 캐나디아노가 있다!

최근 캐나다의 여러 카페에서 커피 메뉴 '아메리카노(Americano)'의 이름을 '캐나디아노(Canadiano)'로 바꾸어 판매하기 시작했어요. 커피의 ***대명사**인 아메리카노를 대신하여 자신들의 나라 이름을 딴 캐나디아노로 메뉴판을 바꾸어 버린 것이죠. 게다가 미국 제품 대신 캐나다 제품을 사자는 '바이 캐나디안(Buy Canadian)'의 움직임까지 일어났어요. 이러한 변화는 새로이 당선된 트럼프 미국 대통령이 미국 **산업**을 보호하기 위해 미국 내 캐나다 제품에 높은 세금을 부과하자 나타난 움직임이에요. 캐나다의 **수출품**에 높은 **관세**가 매겨지면 미국 내에서 캐나다 제품 가격이 올라 잘 팔리지 않을 것이 분명하므로 일어난 반발이지요.

사실 이렇게 미국이 강한 관세 정책을 추진할 수 있었던 배경에는 캐나다의 높은 미국 경제 ***의존도** 때문이에요. ***제조업** 기반이 약한 캐나다는 멕시코와 마찬가지로 미국 경제에 많은 영향을 받아요. '바이 캐나디안'을 하여도 식료품 등 일부 산업을 제외하면 현실적으로 한계가 있을 수밖에 없지요. 이 상황을 미국도 알기에 강하게 관세 정책을 추진한 것이랍니다.

이러한 미국의 관세 정책은 오랫동안 미국과 공존을 택했던 캐나다인들에게 충격을 주었어요. 물론 미국이 자국 산업을 보호하기 위해 시작했다고는 하나, 이웃 국가인 캐나다를 적으로 돌릴 수도 있는 새 관세 정책이기에 자칫 **양날의 검**이 되지 않을까 지켜보는 시선이 많아요. 캐나다 역시 관세로 보복할 수 있으며, 제품 가격이 오르면 자칫 양국 소비자가 피해를 볼 수 있을뿐더러 외교적 갈등도 심해질 수 있기 때문에 많은 이가 주목하고 있는 상황이에요.

* **대명사**(대신할 대代, 이름 명名, 말씀 사詞): 사람이나 장소, 사물의 이름을 대신하여 쓰는 말.
* **의존도**(의존할 의依, 있을 존存, 정도 도度): 다른 것에 의지하여 존재하는 정도.
* **제조업**(만들 제製, 만들 조造, 일 업業): 공장에서 큰 규모로 물건을 만드는 사업.

이 기사가 마음에 든 만큼 '엄지척'을 색칠해 주세요!

핫독이는 이 단어가 궁금해!

신문에 나온 주요 단어들을 알아보자! 단어의 정확한 뜻을 알면 기사 읽기가 훨씬 쉬워져!

산업	만들 산産 + 일 업業
	인간의 생활을 풍요롭게 하려고 물건이나 서비스를 만드는(産) 사업(業).
수출품	나를 수輸 + 날 출出 + 물건 품品
	외국에 팔려 실어 나르고(輸) 내보내는(出) 물건(品).
관세	빗장 관關 + 세금 세稅
	수출이나 수입으로 세관(關)을 통과하는 화물에 부과되는 세금(稅).

핫독이와 단어 퀴즈 고고!

빈칸에 들어갈 알맞은 단어를 선으로 이어 봐! 이 정도는 할 수 있겠지?

- 제주특별자치도는 관광 ______ 이 발달하였어요. • • 산업
- 반도체는 우리나라의 주요 ______ 이에요. • • 수출품
- 여러 대기업이 ______ 의 영향을 덜 받기 위해 해외에 공장을 세우기도 해요. • • 관세

- 미국과 캐나다가 계속해서 서로 높은 관세를 매기면 전체 수출입이 줄어들까요, 늘어날까요?
- 미국이 관세를 높게 부과하면 어떤 일들이 일어날까요?

핫독이와 함께 배우는 오늘의 어휘력!

시사 용어 **양날의 검**	어떤 것이 긍정적인 결과와 부정적인 결과를 동시에 가져올 수 있음을 뜻하는 말. 예 생활에 도움을 주는 편리한 스마트폰도 너무 의존하면 해가 되는 **양날의 검**이 될 수 있다.

양날의 검이란?

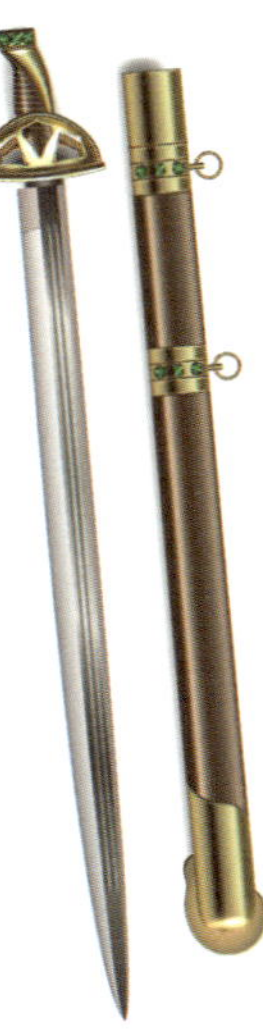

양쪽에 날이 있는 검은 적을 공격할 수 있지만 자칫하면 나 자신도 공격할 위험이 있어요. 그래서 긍정적인 결과와 부정적인 결과를 동시에 가져올 수 있는 어떤 상황이나 도구를 가리키는 말로 '양날의 검'을 많이 쓰곤 한답니다. 예컨대 스마트폰, 인터넷과 같이 우리의 삶을 풍요롭게 해 주는 도구를 지나치게 사용하여 다른 소소한 행복을 놓칠 때 비유할 수 있지요. 또 돈이나 명예를 얻기 위해 몰두한 나머지 건강이나 가족과의 시간을 놓치는 상황도 양날의 검으로 표현할 수 있어요. 살아가면서 어떤 선택을 할 때 이 표현이 현실이 되지 않도록 현명하게 판단하는 것이 무척 중요하답니다.

핫독이와 쓱싹쓱싹 쓰다 보면 어휘력 급상승!

'양날의 검'이 들어간 문장을 또박또박 바르게 따라 써 봐. 손에도 익고 입에도 착 붙을 거야!

휴식 없이 공부만 하는 것은 좋은 성적을 얻는 대신 건강을 잃는 양날의 검이 될 수 있어요.

핫독이와 함께하는 신문 체크! 체크!

신문의 내용을 잘 떠올리며 풀어 보자. 기사를 더 깊이 이해하게 될 거야!

1. 신문의 주요 내용이 무엇인지 빈칸에 알맞은 말을 넣어 완성해 보자.

미국의 새 ☐☐ 정책에 캐나다는 큰 충격!

2. 신문 내용이 알맞으면 O, 틀리면 X를 해 보자.

- 캐나다에서는 아메리카노 커피가 새로운 유행이 되었어요. (　　　)
- 새로운 미국 정부가 캐나다산 제품에 관세를 줄이기로 했어요. (　　　)
- 캐나다는 미국에 경제적으로 많이 의존하고 있어요. (　　　)

3. 밑줄에 알맞은 말을 써 보자.

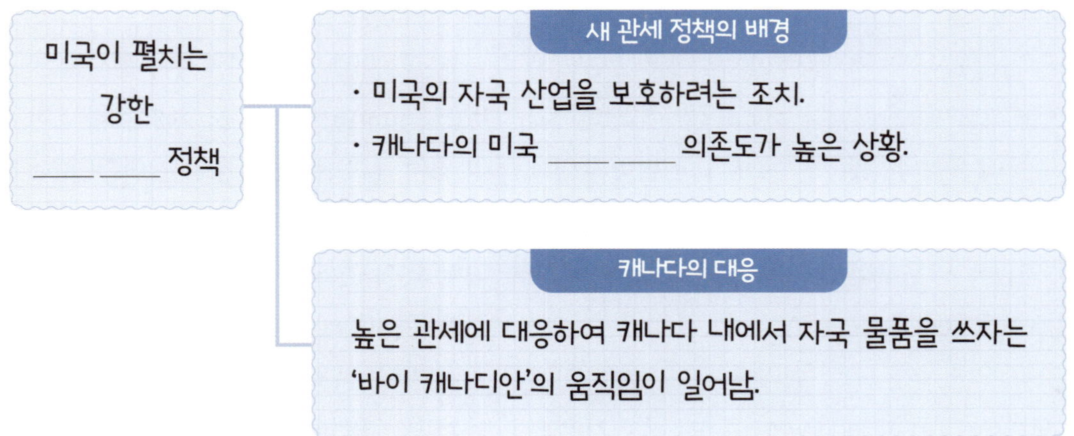

4. 신문의 내용을 한 문장으로 정리해 보자.

☐☐이 캐나다에 높은 관세를 매기자, 이에 반발하여 캐나다 자국 제품을 사용하자는 '바이 ☐☐☐☐'의 움직임 등이 일어났어요.

한강의 영문 표기가 한 리버(Han River)다?!

우리나라는 약 70년 전만 해도 무척 가난한 나라였지만, 이후 많은 노력으로 빠른 경제 성장을 이뤄냈어요. 세계가 주목할 ***기적**에 가까운 경제 성장을 이뤄내 '**한강의 기적**'이라는 말이 생겨날 정도였지요. 이 한강의 기적이라는 이름의 주인공 '한강'은 우리나라 경제 성장의 상징인 수도 서울을 가로지르는 우리나라 대표 강이에요. 그런데 요즘 이 한강의 **영문** 표기를 두고 논란이 일어나고 있다고 해요.

한강의 영문 **표기**는 본래 영문으로 '한 리버(Han River)'로 표현되었어요. 그래서 '한강의 기적' 역시 영문으로 '미라클 오브 더 한 리버(Miracle of the Han River)'로 널리 알려져 있지요. 하지만 서울시는 2024년 11월, 한강의 올바른 영문 표기가 '한강 리버(Hangang River)'라고 공식적으로 알렸답니다. 산(Mountain), 강(River) 등의 자연 ***지형지물**은 전체 이름을 로마자로 쓰는 문화체육관광부의 지침을 따른 것인데, 전체 이름을 사용하여 외국인과 우리나라 사람 간의 소통의 오류를 줄이고 외국인이 '강'의 뜻을 모를 수 있어 '리버(River)'를 함께 쓰기로 한 것이죠.

하지만 이에 대해 서울시가 제시한 '한강 리버(Hangang River)'는 ***해석**하면 '한강 강'이 되며, 같은 논리로 '한라산 마운틴(Hallasan Mountain)'도 '한라산 산'이 되는 것처럼 불필요한 **의미** 중복을 일으킨다고 지적하는 이가 많아요. 천지연 폭포(Cheonjiyeonpokpo Falls)도 해석하면 '천지연폭포 폭포'로 해석되는 것은 누가 봐도 비효율적이고 어색하다는 비판이 많답니다.

더 궁금하다면?

* **기적**(기이할 기奇, 발자취 적跡): 상식으로는 생각할 수 없는 기이한 일이나 업적.
* **지형지물**(땅 지地, 모양 형形, 땅 지地, 물건 물物): 땅의 생김새나 땅 위에 있는 모든 물체.
* **해석**(풀 해解, 풀 석釋): 이해하기 쉽도록 풀어냄.

이 기사가 마음에 든 만큼 '엄지척'을 색칠해 주세요!

핫독이는 이 단어가 궁금해!

신문에 나온 주요 단어들을 알아보자! 단어의 정확한 뜻을 알면 기사 읽기가 훨씬 쉬워져!

영문	영국 영英 + 글월 문文
	영어(英)로 쓴 글(文).
표기	나타낼 표表 + 기록할 기記
	문자나 기호를 써서(記) 나타냄(表).
의미	뜻 의意 + 뜻 미味
	말이나 글의 뜻(意=味).

핫독이와 단어 퀴즈 고고!

빈칸에 들어갈 알맞은 단어를 선으로 이어 봐! 이 정도는 할 수 있겠지?

- 식당은 재료의 원산지를 꼭 ______ 해야 해요. •   • 영문
- 여권에는 이름이 ______ 으로 쓰여 있어요. •   • 표기
- 국어사전에서 낱말의 ______ 를 찾을 수 있어요. •   • 의미

핫독이와 생각을 나누자!

- 한강을 '한강 리버(Hangang River)'로 표기하는 게 좋을까요, '한 리버(Han River)'로 표기하는 게 좋을까요?
- 한국어를 배우는 외국인에게 '한강 리버(Hangang River)'의 영문 표기가 오히려 혼란을 주지는 않을까요?

핫독이와 함께 배우는 오늘의 어휘력!

시사 용어 **한강의 기적**	6·25 전쟁 이후 이루어진 대한민국의 급격한 경제 성장을 가리키는 말. 예 우리나라는 **한강의 기적**을 이루어 냈다.

한강의 기적이란?

오늘날 우리나라의 경제 규모는 세계 10위권 규모예요. 세계 여러 나라와 교류하며 나날이 성장하고 있는 경제 대국이지요. 하지만 과거 우리나라는 지금과는 전혀 다른 매우 가난한 나라였어요. 일제로부터 독립 후 얼마 있지 않아 6·25 전쟁까지 치르면서 다른 나라로부터 도움받을 수밖에 없는 매우 힘든 상황이었지요. 그러나 5·16 군사 정변으로 정권을 잡은 박정희 정부의 경제 개발 5개년 계획, 실력 있고 성실한 국민의 노력 등이 함께 어우러져 눈부신 경제 성장을 이루어 냈어요. 1953년 기준 1인당 국민 총소득이 67달러에 불과했던 것이 2024년 기준 3만 6,745달러로 약 548배로 늘었을 만큼 그야말로 대단한 성장을 이뤄 냈답니다.

▲ 눈부신 경제 발전을 이뤄 낸 우리나라

핫독이와 쓱싹쓱싹 쓰다 보면 어휘력 급상승!

'한강의 기적'이 들어간 문장을 또박또박 바르게 따라 써 봐. 손에도 익고 입에도 착 붙을 거야!

한강의 기적은 우리나라의 경제 발전을 뜻하는 말이에요.

핫독이와 함께하는 신문 체크! 체크!

신문의 내용을 잘 떠올리며 풀어 보자. 기사를 더 깊이 이해하게 될 거야!

1. 신문의 주요 내용이 무엇인지 빈칸에 알맞은 말을 넣어 완성해 보자.

서울시의 ☐☐ 영문 표기법 논란

2. 신문 내용이 알맞으면 O, 틀리면 X를 해 보자.

- 과거 우리나라는 경제적으로 힘든 시기가 있었어요. (　　　)
- 한강은 우리나라 수도인 서울을 가로지르는 강이에요. (　　　)
- 서울시는 시민들의 투표를 통해 한강의 영문 표기를 정했어요. (　　　)

3. 밑줄에 알맞은 말을 써 보자.

한강의 영문 표기

한 리버(Han River)

의미 중복이 없는 이전 한강의 ＿＿ ＿＿ 표기.

한강 리버(Hangang River)

＿＿ ＿＿ 지형지물은 전체 이름을 로마자로 쓰는 지침을 따른 영문 표기.

4. 신문의 내용을 한 문장으로 정리해 보자.

☐☐ 시가 한강, 남산 등 자연 지형지물의 전체 이름을 로마자로 ☐☐ 하자, 의미가 중복되어 비효율적이라는 주장이 제기되고 있어요.

140쪽의 신문은 챗GPT의 새로운 기억 기능에 관한 기사였어. 챗GPT의 기억 기능은 아주 편리하지만 심각한 개인 정보 유출로 큰 피해를 일으킬 수도 있는데 이 문제에 대한 친구들의 생각을 들려줘!

챗GPT에 기억 기능을 **추가해야 한다!**	VS	챗GPT에 기억 기능을 **추가하는 것은 아직 이르다!**
저는 챗GPT에 기억 기능이 추가되어야 한다고 생각해요. 왜냐하면 과거에 했던 질문을 똑같이 하지 않아도 되어 효율적으로 나에 맞는 정보를 얻을 수 있기 때문이에요.		저는 챗GPT에 기억 기능이 추가되지 않아야 한다고 생각해요. 왜냐하면 기억 기능이 도입되면 사람보다 인공 지능과의 대화를 선호하는 이들이 많아져 우리 사회가 삭막해질 수 있기 때문이에요.

뜨감이의 생각		고구미의 생각

144쪽의 신문은 포장 주문에 대한 수수료 부과에 관한 기사였어. 내가 기자라고 생각하며 몇 가지 질문을 만들어 보고, 가족이나 친구들을 대상으로 인터뷰해 보자.

예시

질문	배달 앱을 통한 포장 주문의 수수료가 생기면 가격이 오를까요?
답변	포장 주문 수수료가 생기면 가격은 당연히 오를 거라고 생각해요. 원래의 음식 가격에 수수료가 더해지기 때문이에요.

질문	
(　　)의 답변	

질문	
(　　)의 답변	

◆ 포장 주문의 수수료 부과를 두고 가족과 친구들은 어떤 생각인지 조사해 보자.

찬성하는 사람		반대하는 사람	
이름		이름	
이유		이유	

심해 광물 채굴 축복일까, 재앙일까?

2025년 4월, 미국의 도널드 트럼프 대통령이 서명한 한 행정 명령이 큰 주목을 받았어요. 바로 미국 기업들의 깊은 바닷속 **광물** ***채굴**을 돕기 위한 행정 명령이었어요. 첨단 산업과 군사 기술 등에 꼭 필요한 니켈, 코발트 등이 많이 묻혀 있는 **심해**를 적극적으로 개발하려는 움직임이었답니다.

미국의 이러한 움직임은 다른 나라와의 자원 경쟁 문제로부터 시작되었어요. 사실 육지의 **지하자원**은 그 양이 정해져 있어 언젠가는 모두 ***고갈**될 수밖에 없어요. 그 때문에 오래전부터 심해 광물 채굴에 미국, 중국 등 여러 나라가 깊은 관심을 가져왔지요. 마치 희귀한 자원들이 가득 있는 보물 창고와 같기에 많은 나라가 눈독을 들여 왔어요.

북극 해저를 예로 든다면, 노르웨이 근처의 해저에는 구리와 아연, 리튬 등의 광물이 굉장히 많이 ***매장**되어 있어요. 특히 구리는 전 세계의 한 해 생산량에 가까운 양이 매장되어 있답니다. 저 멀리 태평양 깊은 곳에도 전기차 배터리 등에 쓰이는 망간, 니켈 등이 육지 전체 매장량의 몇 배에 달할 정도로 많이 있어 마찬가지로 여러 나라가 주목하고 있는 상황이에요.

그러나 심해는 인류가 전체의 20분의 1도 탐사하지 못했을 정도로 아직 미지의 영역이에요. 수많은 심해 생물이 살고 있는 곳이기에 섣부르게 개발하면 자칫 생태계의 파괴를 일으킬 수 있다는 주장들도 있지요. 심지어 한 연구에서는 태평양의 한 심해에서 광물들이 전기 분해를 통해 많은 양의 산소를 만들어 낸다는 사실을 밝혀내기까지 했어요. 섣부르고 무리한 심해 광물 채굴에 대해 많은 이가 우려하고 있는 까닭이에요. 자칫하면 인류에게 예상치 못한 **부메랑 효과**를 일으킬 수 있다며 철저한 연구와 준비를 요구하는 목소리가 많아지고 있답니다.

* **채굴**(캘 채採, 팔 굴掘): 광물 등을 캐내기 위해 땅을 팜.
* **고갈**(마를 고枯, 목마를 갈渴): 물이 없어 목마를 정도로 어떤 물자나 자금이 없어짐.
* **매장**(묻을 매埋, 감출 장藏): 광물 등이 땅속에 묻혀 감춰져 있음.

이 기사가 마음에 든 만큼 '엄지척'을 색칠해 주세요!

핫독이는 이 단어가 궁금해!

신문에 나온 주요 단어들을 알아보자! 단어의 정확한 뜻을 알면 기사 읽기가 훨씬 쉬워져!

광물	쇳돌 광鑛 + 만물 물物 천연으로 나며 질이 고른 철(鑛)이나 금과 같은 물질(物).
심해	깊을 심深 + 바다 해海 깊은(深) 바다(海).
지하자원	땅 지地 + 아래 하下 + 재물 자資 + 근원 원原 땅(地) 아래(下)에 묻혀 있는 철, 석유 등의 자원(資源).

핫독이와 단어 퀴즈 고고!

빈칸에 들어갈 알맞은 단어를 선으로 이어 봐! 이 정도는 할 수 있겠지?

- ______ 은 철과 같은 광물, 석유, 천연가스 등을 포함해요. • • 광물
- 다이아몬드는 가장 단단한 ______ 이에요. • • 심해
- ______ 에는 신비하면서도 생소한 물고기들이 많아요. • • 지하자원

핫독이와 생각을 나누자!

- 심해 광물 채굴을 하면 주변의 생물들에게는 어떤 피해가 생길까요?
- 만약 어떤 나라가 근처 심해에서 광물을 채굴하면 그 나라의 것이라 할 수 있을까요?

핫독이와 함께 배우는 오늘의 어휘력!

시사 용어 **부메랑 효과**	**부메랑**(Boomerang: 호주 전통 무기) + **본받을 효效** + **열매 과果**
	마치 멀리 던진 부메랑이 제자리로 돌아오듯 어떤 행동이 본래 목적에서 벗어나 불리한 결과로 되돌아오는 일.
	ⓔ 사소한 거짓말이 큰 싸움으로 번지는 **부메랑 효과**가 일어났다.

부메랑 효과란?

혹시 '부메랑'을 알고 있나요? 부메랑은 원래 호주 원주민이 사냥이나 전쟁을 할 때 썼던 도구예요. 공중으로 던지면 다시 제자리로 돌아오는 신기한 특징이 있지요. 이 특징에 빗대어 어떤 행동이 본래의 목적과 다르게 불리한 결과로 되돌아오는 일을 가리켜 '부메랑 효과'라고 해요. 예를 들어, 도시 개발을 위해 산의 나무를 함부로 베어낸 결과 뜻하지 않은 산사태로 큰 피해가 일어날 때 부메랑 효과가 일어났다고 표현할 수 있어요. 또한 학급 임원 선거에 나가 의욕이 앞서 실천하지 못할 약속을 했다가 오히려 더 선택받지 못하는 때에도 부메랑 효과가 일어났다고 말할 수 있답니다.

▲ 호주 원주민의 사냥 도구인 '부메랑'

핫독이와 쓱싹쓱싹 쓰다 보면 어휘력 급상승!

'부메랑 효과'가 들어간 문장을 또박또박 바르게 따라 써 봐. 손에도 익고 입에도 착 붙을 거야!

사람들의 편리함을 위해 발명된 '비닐'은 훗날 환경 오염이라는 부메랑 효과를 일으켰어요.

핫독이와 함께하는 신문 체크! 체크!

신문의 내용을 잘 떠올리며 풀어 보자. 기사를 더 깊이 이해하게 될 거야!

1. 신문의 주요 내용이 무엇인지 빈칸에 알맞은 말을 넣어 완성해 보자.

☐☐ 광물 채굴 추진에 따른 생태계 파괴 우려

2. 신문 내용이 알맞으면 O, 틀리면 X를 해 보자.

- 지하자원은 사람들의 노력으로 새롭게 만들어 낼 수 있어요. (　　　)
- 세계 여러 나라가 심해 광물 채굴에 관심을 기울여 왔어요. (　　　)
- 심해는 생물들이 살아갈 수 없는 환경이에요. (　　　)

3. 밑줄에 알맞은 말을 써 보자.

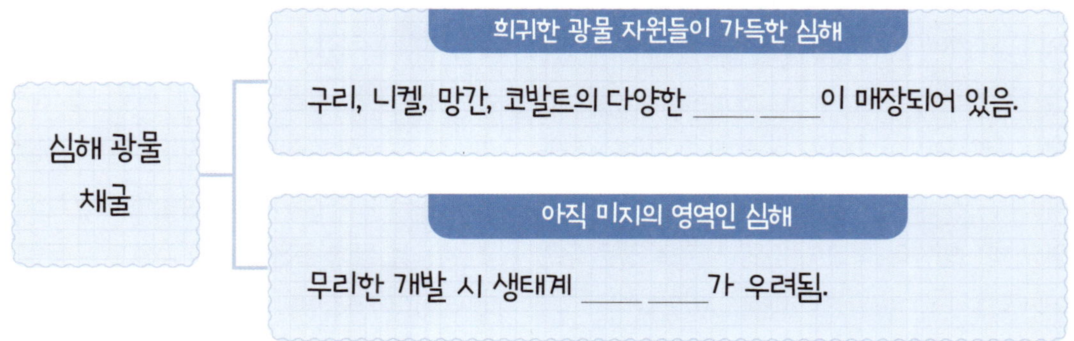

4. 밑줄에 아래 단어를 넣어 신문의 내용을 한 문장으로 정리해 보자.

채굴　　부메랑　　풍부

바닷속엔 지하자원이 ______하지만, 섣불리 심해 광물을 ______하면 자칫 생태계 파괴라는 ________ 효과를 불러일으킬 위험이 있어요.

매일 카카오를 따는데 초콜릿을 못 먹어 봤다고요?

많은 이가 좋아하는 초콜릿 속에 불편한 진실이 숨겨져 있다는 것을 혹시 알고 있나요? 전 세계에서 인기가 높은 초콜릿의 원료는 바로 카카오 열매예요. 오늘날 열대 지방 각지의 여러 농장에서 꾸준히 ***수확**되고 있는 열매이지요. 특히 서아프리카의 카카오 농장에서는 전 세계에서 오가는 카카오 양의 약 40%나 **생산**하고 있어요. 문제는 서아프리카 카카오 농장에서 일하는 **노동자** 대부분이 어린이라는 사실이에요. 어린이 백 명당 약 3명만이 학교에 다닐 정도로 많은 어린이가 학교 대신 농장으로 향하고 있답니다.

그런데 더 놀라운 사실은 노동자들이 제대로 된 ***임금**을 못 받고 있다는 점이에요. 초콜릿 하나의 가격이 1,000원이라면 노동자는 그중 약 50원밖에 안 되는 적은 돈을 받고 있어요. 더 싼 가격에 많은 양의 카카오 열매를 사려는 초콜릿 제조 기업과 노동자를 싼값에 부리려는 농장주들의 욕심이 만들어낸 결과이지요. 카카오 농장에서 일하는 아이들 대부분이 초콜릿을 먹어 볼 기회가 좀처럼 없다고 하니 그야말로 **빛과 그림자**가 함께 존재하는 상황이랍니다.

이러한 문제점을 해결하기 위해 열악한 환경에서 만들어지는 상품의 가격이 공정하게 매겨지도록 돕는 운동이 추진되고 있어요. 바로 '공정 무역'을 위한 운동이에요. ***소비자**들이 자발적으로 **직거래** 등을 통해 공정한 값을 치르는 운동을 각지에서 이어 가고 있답니다. 부당한 노동 없이 제대로 생산된 물건의 값을 더 높이 쳐주어, 생산자를 돕고 질 높은 물건을 사는, 이른바 '착한 소비'를 실천하고 있는 것이에요.

- * **수확**(거둘 수收, 거둘 확穫): 익은 농작물을 거두어들임.
- * **임금**(품삯 임賃, 돈 금金): 일을 한 품삯으로 받는 돈.
- * **소비자**(사라질 소消, 쓸 비費, 사람 자者): 돈이나 시간 등을 써서 사라지게 하는 사람.

이 기사가 마음에 든 만큼 '엄지척'을 색칠해 주세요!

핫독이는 이 단어가 궁금해!

신문에 나온 주요 단어들을 알아보자! 단어의 정확한 뜻을 알면 기사 읽기가 훨씬 쉬워져!

생산	날 생生 + 낳을 산産 아이나 새끼를 낳는(生, 産) 것처럼 필요한 물건을 만들어 내는 것.
노동자	일할 노勞 + 움직일 동動 + 사람 자者 필요한 것을 얻기 위해 몸을 움직여(動) 일하는(勞) 사람(者).
직거래	곧을 직直 + 갈 거去 + 올 래來 사고파는 사람이 직접(直) 거래함(去來).

핫독이와 단어 퀴즈 고고!

위에서 배운 단어들을 빈칸에 넣어 봐! 이 정도는 할 수 있겠지?

1. 큰 태풍으로 정전이 되어 공장의 물건 ☐☐이 멈췄어요.

2. 열심히 일하는 ☐☐☐들의 이마에 땀방울이 맺혔어요.

3. 우리 마을에 생산자와 소비자가 직접 거래하는 ☐☐☐ 장터가 열렸어요.

핫독이와 생각을 나누자!

- 초콜릿 이외에도 공정 무역이 이루어지는 상품에는 무엇이 있을까요?
- 공정 무역 상품을 사지 않는 사람들이 있다면 그들의 선택을 비난할 수 있을까요?

핫독이와 함께 배우는 오늘의 어휘력!

시사 용어 **빛과 그림자**	밝은 빛과 어두운 그림자처럼 긍정적인 상황과 부정적인 상황을 대비하여 나타내는 표현. 예 우리나라의 경제 발전에는 **빛과 그림자**의 모습이 있다.

빛과 그림자란?

'빛과 그림자'는 우리의 삶에서 종종 비유되는 표현이에요. 밝은 빛은 행복, 성공, 만족 등의 긍정적인 상황을 나타내며, 어두운 그림자는 슬픔, 실패, 어려움 등의 부정적인 상황을 나타내지요. 밝은 빛이 나무를 비추면 반대편에 그늘이 생기듯 우리는 빛과 그림자 양쪽 모두를 경험하기도 해요. 실패의 과정을 거칠 때 힘들어도 그 과정에서 교훈을 얻고 끝내 값진 성공을 경험하는 것처럼 말이에요. 빛과 그림자는 우리의 삶에서 함께 존재할 때가 많기에 어느 한쪽에서만 치우쳐 바라보면 안 된답니다.

'빛과 그림자'를 볼 수 있는 우리 사회 모습

올림픽, 월드컵 등의 국제 스포츠 행사 개최

* **빛(밝은 면):** 올림픽, 월드컵 등은 나라의 위상을 드높이고 국민의 마음을 하나로 모으며, 훈훈하고 뜨거운 감동을 선사해요.
* **그림자(어두운 면):** 대규모 행사의 준비 과정에서 부정부패 및 예산 낭비, 노동자의 인권 침해 그리고 종료 후 경기장 방치 등의 문제가 생기기도 해요.

팬들의 사랑을 받는 인기 연예인

* **빛(밝은 면):** 여러 사람에게 사랑을 받고 반대로 많은 영향을 끼치기도 하는, 멋진 삶을 사는 이들이 많아요.
* **그림자(어두운 면):** 일부 팬들의 악성 댓글, 사생활 침해 등으로 정신적 고통을 겪는 연예인들도 상당수 있어요.

핫독이와 함께하는 신문 체크! 체크!

신문의 내용을 잘 떠올리며 풀어 보자. 기사를 더 깊이 이해하게 될 거야!

1. 신문의 주요 내용이 무엇인지 빈칸에 알맞은 말을 넣어 완성해 보자.

열악한 환경에서 일하는 카카오 농장의 어린 □□□

2. 신문 내용이 알맞으면 O, 틀리면 X를 해 보자.

- 많은 이가 좋아하고 즐기는 초콜릿은 카카오 열매로 만들어져요. (　　　)
- 서아프리카의 카카오 농장에서 일하는 노동자 대부분은 어린이예요. (　　　)
- 카카오 농장 노동자들은 정당한 대가를 받고 있어요. (　　　)

3. 밑줄에 알맞은 말을 써 보자.

카카오 농장의 빛과 그림자

빛

전 세계의 카카오 양의 약 40%를 서아프리카 ____ ____ ____ 농장에서 생산함.

그림자

- 카카오 농장의 어린 노동자들이 제대로 된 ____ ____을 받지 못함.
- 어린 노동자들이 초콜릿조차 먹어 보지 못함.

4. 신문의 내용을 한 문장으로 정리해 보자.

노동자들이 정당한 임금을 받지 못하는 와중에 기업 등은 큰 이익을 누리는, 이른바 '빛과 □□□'의 상황을 해결하기 위해 □□□□의 움직임이 일어나고 있어요.

재산을 모으면 갖지 말고 남에게 주어라!

"사방 100리(40km 정도)에 굶어 죽는 사람이 없게 하라.", "흉년이 들었을 때는 땅을 늘리지 마라.", "재산을 너무 많이 모으면 갖지 말고, 남에게 주어라." 등의 말을 들어본 적 있나요? 이 말들은 바로 **노블레스 오블리주**를 오래도록 실천한 '경주 최부잣집'의 가훈이에요. 약 300년 동안 만석꾼으로서 부를 자랑한 경주 최부잣집은 재산이 만석을 넘으면 그 이상의 재산을 사회에 **환원**하도록 했어요. 재산을 늘려 지나치게 이익을 누리는 것보다, 어느 정도의 재산이 모이면 이를 여러 사람에게 돌아가도록 베풀어 사회에 **공헌**하려 했답니다. 또한 흉년이 들어 먹을 것이 부족해 가난한 사람들이 헐값에 논과 밭을 내다 팔면, 최부잣집은 이런 논과 밭을 사들여 재산을 늘리지 않았어요. 이러한 점들은 경주 최부잣집이 12대를 거치면서 부를 이어올 수 있게 했어요.

노블레스 오블리주를 실천한 모습은 경주 최부잣집에만 있었던 것은 아니에요. 일제 강점기에 '독립운동가 이회영 일가'가 보여준 모습도 노블레스 오블리주의 모습이었어요. 당시 상당한 부자였던 이회영 일가는 막대한 재산을 ***처분**하고 이를 독립운동 자금으로 내놓았어요. 누가 시킨 것도 아니었음에도 높은 뜻을 위해 희생을 ***감수**하고 중요한 결단을 내렸던 것이지요.

오늘날에도 세계 각 나라의 지도층은 각자의 방식으로 노블레스 오블리주를 실천하고 있어요. 수십조 원을 선뜻 사회에 기부한 '워런 버핏'이나 코로나19 당시 많은 돈을 기부하고 백신 개발을 지원했던 '빌 게이츠' 등 많은 리더가 선한 영향력을 행사하고 있답니다. 오늘날 한 사회의 리더가 갖춰야 할 품격 있는 **자질**과 관련하여 노블레스 오블리주가 ***거론**되고 있는 이유예요.

* **처분**(처리할 처處, 나눌 분分): 처리하여 나눠 치움.
* **감수**(달 감甘, 받을 수受): 고통, 희생 등을 군말 없이 달게 받음.
* **거론**(들 거擧, 논할 론論): 어떤 사항을 논제로 삼아 제기하거나 논의함.

이 기사가 마음에 든 만큼 '엄지척'을 색칠해 주세요!

핫독이는 이 단어가 궁금해!

신문에 나온 주요 단어들을 알아보자! 단어의 정확한 뜻을 알면 기사 읽기가 훨씬 쉬워져!

환원	돌아올 환還 + 처음 원元
	처음(元) 상태로 되돌아감(還).
공헌	바칠 공貢 + 바칠 헌獻
	옛날에 공물을 나라에 바치던 것처럼 어떤 것에 크게 이바지 함(貢=獻).
자질	바탕 자資 + 바탕 질質
	본래 타고난 본바탕(資=質)의 성품이나 소질.

핫독이와 단어 퀴즈 고고!

위에서 배운 단어들을 빈칸에 넣어 봐! 이 정도는 할 수 있겠지?

1. 붕어빵 할머니는 평생 모은 재산을 사회에 ☐☐하셨어요.

2. 한강 작가의 노벨문학상 수상은 우리나라 문학을 세계에 알리는 데 큰 ☐☐을 했어요.

3. 에디슨은 어릴 적부터 호기심이 많아 과학자가 될 ☐☐이 충분했어요.

핫독이와 생각을 나누자!

- 경주 최부잣집이 실천한 노블레스 오블리주는 무엇인가요?
- 내가 만약 100억 부자가 된다면 어떤 노블레스 오블리주를 실천하고 싶나요?

핫독이와 함께 배우는 오늘의 어휘력!

시사 용어 **노블레스 오블리주**	높은 사회적 신분에 어울리는 도덕적 의무. 예 지금도 많은 지도층이 기부를 하며 노블레스 오블리주를 실천하고 있다.

노블레스 오블리주란?

로마 시대의 초기에는 왕과 귀족이 사회를 위해 공헌하고 솔선수범하는 모습이 명예로운 일로 인식되었어요. 실제로 귀족 등의 높은 신분의 사람들이 나라를 위해 전쟁에 나서는 경우가 많아 전투에서 많이 희생되기도 했답니다. 이러한 귀족층의 솔선수범과 희생에 힘입어 로마는 오랜 세월 세력을 크게 넓힐 수 있었어요. 현대에 와서도 이러한 도덕적 의무는 높은 사회적 위치에 있는 이들에게 요구되고 있어요. 특히 나라에 어려움이 있을 때 사회를 위해 솔선하는 지도층의 자세는 힘을 하나로 모으게 하는 큰 원동력이 되고 있어요.

우리나라의 대표적인 노블레스 오블리주 인물

유일한 박사(유한양행 초대 회장)
유일한 박사는 독립운동에도 헌신했던 기업가로서
전 재산을 사회에 환원한
노블레스 오블리주의 상징적 인물이에요.

정주영 회장(현대그룹 창업자)
정주영 회장은 "시련은 있어도 실패는 없다."라는 말로 유명한
현대그룹의 창업자로서 아산사회복지재단, 서울아산병원 등을
설립하는 등 여러 사회 환원 활동을 하였어요.

핫독이와 함께하는 신문 체크! 체크!

신문의 내용을 잘 떠올리며 풀어 보자. 기사를 더 깊이 이해하게 될 거야!

1. 신문의 주요 내용이 무엇인지 빈칸에 알맞은 말을 넣어 완성해 보자.

노블레스 오블리주의 ☐☐ 영향력

2. 신문 내용이 알맞으면 O, 틀리면 X를 해 보자.

- 경주 최부잣집은 흉년이 들면 논과 밭을 헐값에 사들였어요. (　　　)
- 독립운동가 이회영 일가는 노블레스 오블리주의 모습을 보여 주었어요. (　　　)
- 오늘날 워런 버핏, 빌 게이츠 등이 선한 영향력을 행사하고 있어요. (　　　)

3. 밑줄에 알맞은 말을 써 보자.

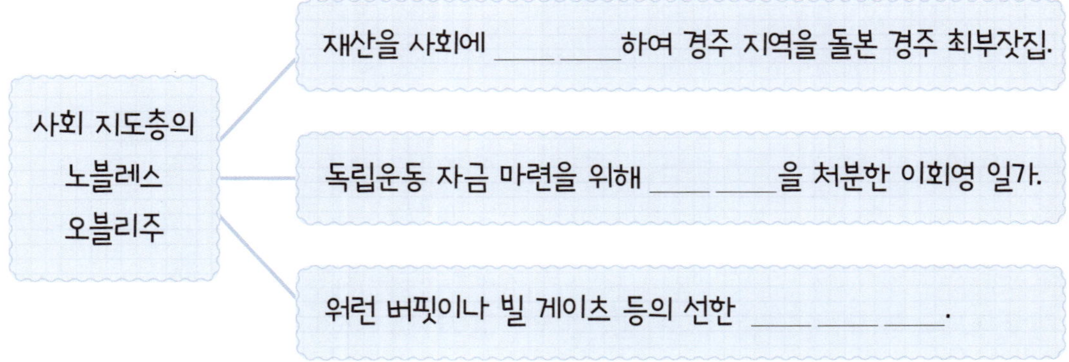

4. 밑줄에 아래 단어를 넣어 신문의 내용을 한 문장으로 정리해 보자.

영향력　　노블레스　　지도층

____ ____ ____ ____ 오블리주를 실천한 많은 사회 ____ ____ ____ 들이 사회에 선한 ____ ____ ____을 펼치고 있어요.

사회

독도가 다케시마가 되었다!?

아름다운 섬 독도는 우리나라 동쪽 가장 끝에 있는 소중한 우리 **영토**예요. 그런데 이 독도가 지난 2020 도쿄올림픽 시기에 '독도'가 아닌 '다케시마'가 되어 큰 논란이 되었었어요. 도쿄올림픽 공식 누리집에 올라간 성화 봉송 지도에 마치 일본 땅인 것처럼 표시되었던 거예요. 이에 우리나라의 대한체육회 등이 강하게 항의했지만 결국 올림픽 폐막까지 일본이 주장하는 다케시마로 남고 말았어요. 일본 정부 측이 일본 고유의 영토라 주장하며 끝내 받아들이지 않았던 거랍니다.

일본이 자국 영토라 주장하는 독도는 엄연한 우리나라의 영토예요. 우리나라에는 독도를 **기념**하는 날도 있는데, 지난 2000년 '독도수호대'라는 시민단체가 정한 10월 25일의 '독도의 날'이 있어요. 그런데 최근 이날을 국가 기념일로 ***지정**하자는 목소리가 있어 주목받고 있어요. 일본 시마네현이 2005년부터 '다케시마의 날'을 기념하고 있는 것에 맞서 국가 차원에서 독도에 대한 영토 **주권**을 강화하자는 목소리이죠. 국가 기념일이 된다면 정부 차원에서 '독도의 날'을 크게 기념하게 되고 그에 따라 독도가 대한민국 영토임을 세계에 널리 알릴 수 있다며 지정을 주장하고 있답니다.

그러나 국가 기념일로 지정하게 되면 오히려 국제적인 ***분쟁** 지역이라는 것을 널리 알리는 것이라며 지적하는 이들도 있어요. 우리나라가 현재 평화적으로 영토 주권을 ***행사**하고 있고, 독도 분쟁 자체를 인정하지 않는 상황에서 국가 기념일은 불필요하다는 지적이지요. 엄연히 우리나라 땅인 울릉도, 백령도를 '울릉도의 날', '백령도의 날'로 따로 기념하지 않듯, 이미 우리나라 영토인 독도를 기념하는 것은 **사족**이라 말하고 있답니다.

- * **지정**(가리킬 지指, 정할 정定): 어떤 것을 가리키어 확실하게 정함.
- * **분쟁**(어지러울 분紛, 다툴 쟁爭): 말썽을 일으켜 어지럽게 서로 다툼.
- * **행사**(행할 행行, 부릴 사使): 권력, 힘 등을 실제로 부려서 행함.

이 기사가 마음에 든 만큼 '엄지척'을 색칠해 주세요!

핫독이는 이 단어가 궁금해!

신문에 나온 주요 단어들을 알아보자! 단어의 정확한 뜻을 알면 기사 읽기가 훨씬 쉬워져!

영토	거느릴 영領 + 흙 토土 한 국가의 통치권이 미치는(領) 땅(土).
기념	벼리 기紀 + 생각할 념念 뼈대(紀)가 되는 중요한 일이나 인물 등을 오래오래 마음에 두고 생각함(念).
주권	주인 주主 + 권리 권權 국가가 가지는 주인(主)으로서의 권리(權).

핫독이와 단어 퀴즈 고고!

위에서 배운 단어들을 빈칸에 넣어 봐! 이 정도는 할 수 있겠지?

1. 우리나라 ☐☐를 굳건히 지키는 국군이 자랑스러워요.

2. 새 학년이 된 ☐☐으로 부모님과 맛있는 식사를 했어요.

3. 대한민국의 ☐☐은 국민에게 있어요.

핫독이와 생각을 나누자!

- '안용복', '독도경비대'처럼 독도에 대해 알고 있는 내용을 가족과 이야기해 보세요.
- 일본 정부가 독도를 일본 땅이라고 주장하는 이유는 무엇일까요?

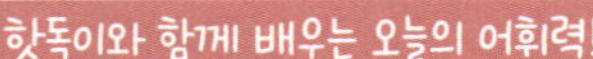

성어 **사족**	뱀 사蛇 + 발 족足
	뱀(蛇)을 다 그리고 나서 있지도 않은 발(足)을 덧붙여 그려 넣듯 쓸데없는 일을 해 도리어 잘못되게 함.
	예 발표에서 마지막에 덧붙인 말은 그만 **사족**이 되어 버렸다.

사족이란?

옛날 중국 초나라의 어느 한 귀족이 제사를 지내고 나서 술 한 병이 남았어요. 그래서 아랫사람들에게 그 술을 주며 조금씩 나누어 마시도록 했답니다. 그러자 어떤 이가 땅바닥에 뱀 그림을 먼저 완성한 사람이 모두 마시면 어떻겠냐고 제안했어요. 이 말에 동의한 사람들은 이내 뱀 그림을 땅에 그리기 시작했고, 어떤 한 사람이 가장 먼저 뱀 그림을 완성했어요. 그런데 그는 '뱀을 그렸는데 뭔가 아쉬우니까 용처럼 발을 그려 넣어야겠어.'라고 생각해 발을 더 그려 넣고 말았어요. 사람들은 모두 그 그림을 비웃었고 술은 곧 다른 사람에게 넘어가고 말았답니다. 이처럼 '사족'이란 말은 '뱀의 발'을 뜻하는 말이에요. 쓸데없는 군짓을 해 도리어 망치게 될 때 사용하지요.

핫독이와 쓱싹쓱싹 쓰다 보면 어휘력 급상승!

'사족'이 들어간 문장을 또박또박 바르게 따라 써 봐. 손에도 익고 입에도 착 붙을 거야!

독도를 기념하는 것을 사족이라
말하는 사람들도 있어요.

핫독이와 함께하는 신문 체크! 체크!

신문의 내용을 잘 떠올리며 풀어 보자. 기사를 더 깊이 이해하게 될 거야!

1. 신문의 주요 내용이 무엇인지 빈칸에 알맞은 말을 넣어 완성해 보자.

'☐☐의 날'의 국가 기념일 지정을 둘러싼 이견

2. 신문 내용이 알맞으면 O, 틀리면 X를 해 보자.

- 도쿄올림픽 누리집의 지도에서 독도가 일본 땅으로 표시됐었어요. (　　　)
- 현재 '독도의 날'은 국가 기념일로 지정되어 있어요. (　　　)
- 우리나라는 평화적으로 독도에 대한 주권을 행사하고 있어요. (　　　)

3. 밑줄에 알맞은 말을 써 보자.

'독도의 날'의 국가 기념일 지정 논쟁

찬성	반대
독도에 대한 ____ ____ 주권을 강화하기 위해 국가 기념일로 지정해야 한다고 주장함.	독도는 엄연히 우리나라 영토인데 자칫 ____ ____ 지역이라는 인식을 줄 수 있으므로 반대함.

4. 신문의 내용을 한 문장으로 정리해 보자.

'독도의 날'을 ☐☐ ☐☐☐로 지정하자는 움직임이 일어나자, 분쟁 지역이라는 인식을 주어 '☐☐'이 될 수 있다고 지적하는 주장이 제기되었어요.

북한군이 지금 전쟁에 참여하고 있다고요?

2024년 10월, 우리나라의 국가정보원이 북한군 특수 부대 병력이 러시아로 이동했다는 사실을 밝혔어요. 러시아와 긴밀한 관계를 유지하는 북한이 직접적으로 러·우 전쟁에 ***참전**했음을 확인했던 순간이었지요. 북한과 **휴전** 중인 우리나라로서는 굉장히 신경 쓰일 수밖에 없는 일이었어요. 북한군이 전쟁 중 여러 실전 경험을 얻으면 우리에게는 큰 위협이 될 수 있기 때문이었죠.

지난 2022년 러시아의 우크라이나 **침공**으로 시작된 러·우 전쟁은 여러 복잡한 배경을 갖고 있어요. 소비에트 연방(소련)을 중심으로 확장하던 공산주의 진영과 그에 맞서 ***발족**한 북대서양 조약 기구, 나토(NATO)가 그중 하나이지요. 1991년 소련이 해체된 이후 러시아는 우크라이나를 자신들의 영향권 안에 두려고 했었어요. 그러자 우크라이나는 헝가리, 불가리아 등과 같이 나토에 가입하려 했는데 이는 갈등의 불꽃이 되었어요. 다급해진 러시아가 같은 동슬라브족 국가이자 지리적으로 중요한 우크라이나 침공을 결정했던 거랍니다.

그 후 서방 국가의 지원을 받은 우크라이나의 선방으로 전쟁은 오랫동안 이어졌어요. 전쟁 발발 약 3주년을 앞두고 ***종전 협상**이 이루어졌으나 협상 자리엔 러시아와 우크라이나가 아니라 러시아와 미국이 마주 앉게 되어 큰 성과는 얻지 못했어요.

러·우 전쟁은 먼 나라 일 같지만, 사실 우리나라에도 아주 중요해요. 특히 북한이 러·우 전쟁에 참전 중인 만큼 우리나라도 **소 잃고 외양간 고치지** 않기 위해 러·우 전쟁을 예의 주시해야 해요. 한번 전쟁이 일어나면 돌이킬 수 없기에 더욱 현명한 자세가 필요한 때예요.

* **참전**(참여할 참參, 싸울 전戰): 전쟁에 참가함.
* **발족**(떠날 발發, 발 족足): 목적지를 향하여 발을 옮기듯 어떤 단체 등이 새로 만들어져 활동을 시작함.
* **종전**(끝 종終, 싸울 전戰): 전쟁을 끝냄.

이 기사가 마음에 든 만큼 '엄지척'을 색칠해 주세요!

핫독이는 이 단어가 궁금해!

신문에 나온 주요 단어들을 알아보자! 단어의 정확한 뜻을 알면 기사 읽기가 훨씬 쉬워져!

휴전	쉴 휴休 + 싸울 전戰 하던 전쟁(戰)을 협의하여 얼마 동안 멈추는(休) 일.
침공	쳐들어갈 침侵 + 공격할 공攻 남의 나라에 쳐들어가(侵) 공격함(攻).
협상	합칠 협協 + 헤아릴 상商 어떤 목적에 맞는 결정을 하기 위해 여럿이 힘을 합쳐(協) 상의함(商).

핫독이와 단어 퀴즈 고고!

빈칸에 들어갈 알맞은 단어를 선으로 이어 봐! 이 정도는 할 수 있겠지?

- 우리나라와 북한은 여전히 ______ 상태예요. •   • 휴전
- 종전을 ______ 하는 자리에는 당사국이 모여 서로 논의해야 해요. •   • 침공
- 1950년 6월 25일 새벽, 북한이 먼저 우리나라를 ______ 했어요. •   • 협상

핫독이와 생각을 나누자!

- 러·우 전쟁에 대한 내 생각을 가족과 이야기해 보세요.
- 러·우 전쟁이 일어난 후 우리나라는 우크라이나를 어떻게 도와주고 있는지 조사해 보세요.

핫독이와 함께 배우는 오늘의 어휘력!

속담 소 잃고 외양간 고친다

일이 이미 잘못된 뒤에 손을 써도 소용이 없음을 이르는 말.

예 **소 잃고 외양간 고치지** 않도록 태풍이 오기 전 미리 안전 점검을 하였다.

소 잃고 외양간 고친다란?

농사를 많이 짓던 옛날에는 소와 말을 기르는 곳인 외양간을 매우 중요하게 생각했어요. 그래서 집 가까운 곳에 외양간을 만들어 놓고 수시로 오가며 살피곤 했지요. 만약 외양간의 문이 낡아 덜렁거리거나 소를 묶은 기둥이 갈라졌다면 일찍 수리해야만 했답니다. 그렇지 않으면 소가 멀리 도망가 버렸기 때문이에요. 이미 소가 없어진 후에는 낡은 곳을 고쳐 봐야 소용없는 일이 되어 버리기에 미리 준비하는 것이 중요했어요. '소 잃고 외양간 고친다.'라는 말은 이처럼 어떤 중요한 일을 미리 하지 않아 뒤늦게 후회하게 되는 상황을 가리킬 때 쓰여요. 중요한 일을 미루지 않고 제때 해야 함을 일깨워 주는 속담이랍니다.

핫독이와 쓱싹쓱싹 쓰다 보면 어휘력 급상승!

'소 잃고 외양간 고친다'가 들어간 문장을 알맞게 채우고 또박또박 바르게 따라 써 봐. 손에도 익고 입에도 착 붙을 거야!

'소 잃고 외양간 고친다.'와 뜻이 반대인 성어에는 '유비무환'이 있어요.

핫독이와 함께하는 신문 체크! 체크!

신문의 내용을 잘 떠올리며 풀어 보자. 기사를 더 깊이 이해하게 될 거야!

1. 신문의 주요 내용이 무엇인지 빈칸에 알맞은 말을 넣어 완성해 보자.

북한군, 러시아·우크라이나 ☐☐에 참전하다

2. 신문 내용이 알맞으면 O, 틀리면 X를 해 보자.

- 북한은 러·우 전쟁과는 전혀 상관없어요. (　　　)
- 러·우 전쟁은 러시아의 침공으로 시작되었어요. (　　　)
- 우리나라는 현재 북한과 전쟁 중이에요. (　　　)

3. 밑줄에 알맞은 말을 써 보자.

러·우 전쟁

- 최근 ___ ___군이 러시아로 파병된 사실이 밝혀짐.
- 일방적인 러시아의 우크라이나 ___ ___으로 시작된 전쟁으로 많은 곳에서 피해가 발생하고 있음.
- 러시아와 우크라이나는 전쟁 발발 약 3주년을 앞두고 ___ ___ 협상을 시도하였으나 큰 성과는 없었음.

4. 신문의 내용을 한 문장으로 정리해 보자.

장기간 이어지고 있는 러시아·우크라이나 ☐☐에 북한군이 ☐☐한 소식이 전해지며 많은 이들이 그 모습을 예의 주시하고 있는 상황이에요.

환경

물고기가 떼죽음을 당했다고요?

지난 2024년 5월, 베트남의 한 어촌 마을에 ***기이**한 냄새가 퍼지기 시작했어요. 무언가가 썩는 냄새가 온 마을을 가득 채우기 시작했지요. 주민들은 냄새가 곧 사라질 것으로 생각했지만 그렇지 않았어요. 일주일 넘게 온 마을에 썩는 냄새가 진동해 많은 주민이 고통의 시간을 보내야 했답니다. 끔찍한 냄새의 ***근원**은 다름 아닌 **저수지**의 물고기들이었어요. 무려 수십만 마리가 저수지에서 썩어 가고 있었던 거예요.

이런 지독한 일이 벌어지게 된 이유는 바로 가뭄으로 인한 물 부족이었어요. 본래는 저수지의 물 높이가 낮아지면 물을 추가로 공급해 적당한 높이를 유지해야만 해요. 그러나 폭염과 가뭄이 지속되었던 탓에 물이 부족해 저수지에 물을 공급할 수 없었던 것이었어요.

전문가들은 이러한 물고기의 떼죽음이 **엘니뇨** 현상과 관련이 있다고 진단했어요. 엘니뇨 현상은 남아메리카 서해안을 따라 흐르는 바닷물이 유난히 따뜻해지는 현상을 말해요. **대기**의 흐름을 바꾸어 남아메리카 일부 지역에 비를 많이 내리게 해 홍수가 나게 하고, 동남아시아 등의 지역에는 바닷물을 평상시보다 덜 따뜻해지게 해 비를 적게 내리게 하여 심할 경우 가뭄까지 들게 하는 현상이지요. 이번 베트남의 물고기 떼죽음도 이 엘니뇨의 발생과 관계가 깊다고 할 수 있어요.

문제는 **지구 온난화**로 인해 이 엘니뇨가 앞으로 더 자주 일어날 가능성이 높다는 점이에요. 지구의 온도가 높아짐에 따라 여러 지역에서 가뭄과 홍수가 잦아지고 ***해수면**도 상승할 것이라 경고하는 목소리가 많아지고 있답니다.

더 궁금하다면?

엘니뇨 현상이 생기는 과정을 알아보세요.

* **기이**(이상할 기奇, 다를 이異): 이상할 정도로 보통과는 크게 다름.
* **근원**(뿌리 근根, 수원 원源): 나무의 뿌리나 물의 수원과 같이 어떤 일이 생겨나는 본바탕.
* **해수면**(바다 해海, 물 수水, 낯 면面): 바닷물의 표면.

이 기사가 마음에 든 만큼 '엄지척'을 색칠해 주세요!

핫독이는 이 단어가 궁금해!

신문에 나온 주요 단어들을 알아보자! 단어의 정확한 뜻을 알면 기사 읽기가 훨씬 쉬워져!

저수지	쌓을 저貯 + 물 수水 + 못 지池
	물(水)을 모아(貯) 두기 위해 하천이나 골짜기를 막아 만든 큰 못(池).
엘니뇨	엘니뇨(El Niño: 사내아이)
	남아메리카 서해안을 따라 흐르는 페루 해류 속에 몇 년에 한 번 이상 난류가 흘러드는 현상.
대기	큰 대大 + 공기 기氣
	지구 둘레를 크게(大) 둘러싸고 있는 기체(氣).

핫독이와 단어 퀴즈 고고!

빈칸에 들어갈 알맞은 단어를 선으로 이어 봐! 이 정도는 할 수 있겠지?

- 추운 겨울이 되자, ________ 의 물이 꽁꽁 얼어붙었어요. •   • 저수지
- 대중교통 이용으로 ________ 오염을 줄일 수 있어요. •   • 엘니뇨
- ________ 현상으로 비가 적게 내리던 곳에 비가 많이 내려 큰 홍수가 났어요. •   • 대기

핫독이와 생각을 나누자!

- 극심한 더위와 추위, 폭우 같은 이상 기후를 경험한 적이 있다면 이야기해 보세요.
- 지구가 더 더워지지 않게 우리가 할 수 있는 일은 무엇이 있을까요?

핫독이와 함께 배우는 오늘의 어휘력!

시사 용어 **지구 온난화**	땅 지地 + 공 구球 + 따뜻할 온溫 + 따뜻할 난暖 + 될 화化
	지구(地球)의 기온이 따뜻해지는(溫=暖) 현상(化).
	예 계속되는 **지구 온난화**로 북극의 빙하가 녹고 있다.

지구 온난화란?

▲ 지구 온난화로 녹고 있는 빙하

세계 보건 기구(WHO)에 따르면 지구의 평균 온도는 산업화 이전인 1850년~1900년 사이보다 무려 1.55도나 높아졌어요. 얼핏 보면 적게 오른 것 같지만 본래 지구의 온도는 1도가 오르는 데 몇천 년이 걸려야 정상이에요. 그런데 100년이 조금 넘는 기간 만에 1.55도나 오른 것이랍니다. 더욱 심각한 사실은 지금도 지구의 온도가 계속 오르고 있다는 사실이에요. 자동차와 공장 등에서 사용하는 석유, 석탄 등의 영향, 일상에서 과도하게 사용하는 일회용품과 플라스틱의 영향 등으로 지구의 기온은 계속 높아지고 있지요. 그로 인해 극지방의 빙하가 녹고 해수면이 상승하는 등 좋지 않은 환경 변화가 일어나고 있어요. 극심한 폭염, 한파와 같은 이상 기후도 예전보다 더 자주 일어나고 있지요. 여러 전문가는 엘니뇨 역시 지구의 온도가 계속 높아지면 더욱 빈번해질 것이라고 경고하고 있답니다.

핫독이와 쓱싹쓱싹 쓰다 보면 어휘력 급상승!

'지구 온난화'가 들어간 문장을 또박또박 바르게 따라 써 봐. 손에도 익고 입에도 착 붙을 거야!

여	러		나	라	와		함	께		손	잡	고		지	구
온	난	화		문	제	를		해	결	해	야		해	요	.

핫독이와 함께하는 신문 체크! 체크!

신문의 내용을 잘 떠올리며 풀어 보자. 기사를 더 깊이 이해하게 될 거야!

1. 신문의 주요 내용이 무엇인지 빈칸에 알맞은 말을 넣어 완성해 보자.

베트남의 한 어촌, □□□ 현상으로 물고기 떼죽음 발생

2. 신문 내용이 알맞으면 O, 틀리면 X를 해 보자.

- 베트남의 한 저수지에서 물고기의 떼죽음이 발생했어요. (　　　)
- 엘니뇨는 남아메리카 서해안을 따라 흐르는 바닷물이 유난히 차가워지는 현상을 말해요. (　　　)
- 지구 온난화로 여러 지역에서 가뭄과 홍수가 잦아질 수 있어요. (　　　)

3. 밑줄에 알맞은 말을 써 보자.

이상 기후인 엘니뇨 현상의 발생

- 남아메리카 일부 지역의 바닷물이 따뜻해지고 ＿＿가 많이 와 홍수가 일어남.
- 동남아시아 지역은 바닷물이 덜 따뜻해지고 비가 적게 와 ＿＿ ＿＿이 듦.

4. 밑줄에 아래 단어를 넣어 신문의 내용을 한 문장으로 정리해 보자.

온난화　　피해　　가뭄

지구＿＿＿＿＿로 발생한 이상 기후인 엘니뇨 현상이 베트남 지역에 폭염과 ＿＿＿＿ 등을 일으켜 물고기 떼죽음이라는 큰 ＿＿＿＿ 를 발생시켰어요.

토론을 좋아하는 뜨감이와 고구미는 네 생각이 궁금해!

166쪽의 신문은 심해 광물 채굴에 관한 기사였어. 심해에는 높은 가치를 지닌 광물들이 많지만, 자칫 잘못 개발하면 생태계를 파괴하여 부메랑 효과를 일으킬 수 있다는 우려도 많아. 이 문제에 대한 친구들의 생각을 들려줘!

가치가 높은 심해 광물을 **채굴해야 한다!**

VS

아직은 불확실한 심해 광물을 **채굴하지 않아야 한다!**

저는 심해 광물을 채굴하는 것이 옳다고 생각해요. 왜냐하면 육지의 지하자원은 날이 갈수록 고갈되어 갈 것이기 때문이에요. 심해 광물 채굴의 범위를 명확히 정해 진행한다면 여러 나라에게 분명 큰 도움이 될 거예요.

뜨감이의 생각

저는 심해 광물 채굴은 아직 이르다고 생각해요. 왜냐하면 심해는 충분한 연구가 이루어지지 않은 영역이라, 섣불리 채굴하면 생태계 파괴와 같은 나쁜 결과를 가져올 수 있기 때문이에요.

고구미의 생각

✎

170쪽의 신문은 제대로 된 임금을 받지 못하고 일하고 있는 이들에 관한 기사였어. 그래서 공정 무역을 위한 운동이 곳곳에서 이어지고 있지. 우리 주위에서 찾아볼 수 있는 공정 무역 마크와 그 속에 숨은 의미를 알아볼까?

◆ **내가 만들고 싶은 공정 무역 마크를 아래에 그려 보고 그 속에 담긴 가치와 의미를 글로 적어 소개해 보자.**

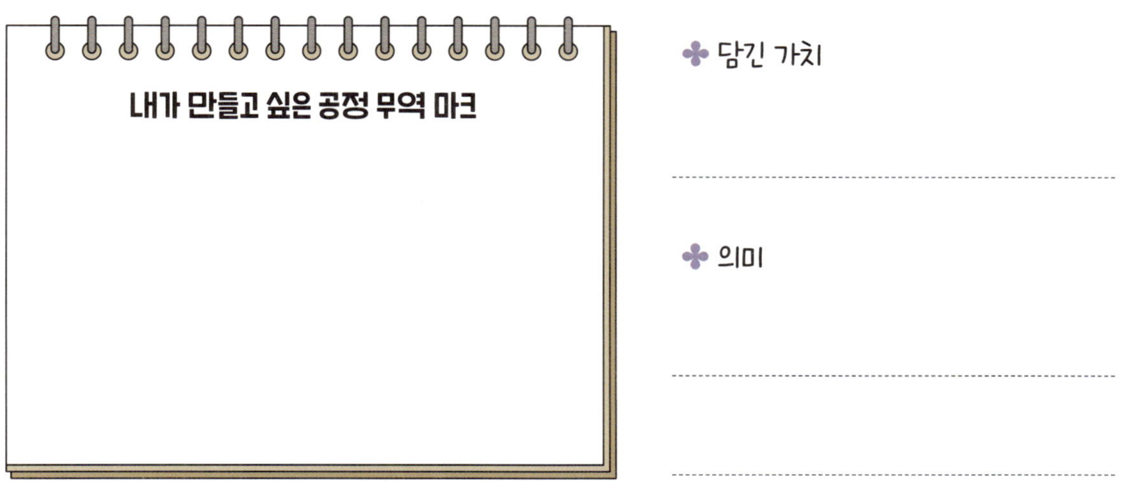

정답

- 모든 정답은 신문 기사를 기준으로 작성하였습니다.
- 그 밖의 뜨감이와 고구미, 방울이 페이지에 나오는 글쓰기 활동은 정해진 정답이 없습니다. 글쓰기에 부담 갖지 말고 자유롭게 내 생각을 써 보세요!

PART 1 순한맛 기사

021쪽 균형, 공존, 소음
023쪽 1. 소음 / 2. ×, ○, × / 3. 안전, 공원 / 4. 어린이, 역지사지

025쪽 선행, 표창장, 봉사
027쪽 1. 폐지 / 2. ○, ×, × / 3. 수레, 선행 / 4. 학생들, 선행, 감동

029쪽 공연, 전용, 방안
031쪽 1. 전용 / 2. ○, ×, × / 3. 잔디, 경기 / 4. 경기장, 공연, 잔디, 훼손

033쪽 이별, 화제, 신드롬
035쪽 1. 판다 / 2. ×, ×, ○ / 3. 외교, 중국 / 4. 판다, 동물

037쪽 금지, 차별, 세대
039쪽 1. 노키즈 / 2. ○, ×, × / 3. 안전, 차별 / 4. 노키즈존

041쪽 맹수, 야생, 멸종
043쪽 1. 곰, 허용 / 2. ×, ○, × / 3. 갈색곰, 공격, 서식 / 4. 의회, 조절

047쪽 창의력, 디지털, 예술가
049쪽 1. 인공 지능 / 2. ○, ○, × / 3. 예술, 창의력, 탐구력 / 4. 인공 지능, 디지털

051쪽 인기, 열풍, 상품
053쪽 1. 탕후루 / 2. ×, ○, ○ / 3. 바이럴, 유행 / 4. 인기, 유행

055쪽 전통, 활성화, 학대
057쪽 1. 학대 / 2. ×, ○, × / 3. 민속, 학대 / 4. 소싸움, 동물

059쪽 용어, 향상, 문해력
061쪽 1. 문해력 / 2. ○, ○, × / 3. 문해력, 한자어, 독서 / 4. 디지털 리터러시, 문해력, 학생

063쪽 무인, 대처, 계산
065쪽 1. 무인 / 2. ○, ○, × / 3. 인건비, 절도 / 4. 무인, 점원, 절도

069쪽 기부, 감명, 릴레이
071쪽 1. 용돈, 기부 / 2. ×, ○, ○ / 3. 선풍기, 이웃 / 4. 선풍기, 이웃, 기부, 초등학생

073쪽 화상, 난기류, 기후
075쪽 1. 비행기 / 2. ○, ○, × / 3. 기후, 기내식 / 4. 난기류, 기내식

077쪽 공휴일, 도입, 효율성
079쪽 1. 요일제 / 2. ○, ×, ○ / 3. 연휴, 기념일 / 4. 공휴일, 요일, 연휴, 의미

081쪽 취미, 유행, 야외
083쪽 1. 유행 / 2. ×, ○, ○ / 3. 건강, 피해 / 4. 친목, 피해

085쪽 감소, 개선, 폐교
087쪽 1. 폐교 / 2. ×, ○, × / 3. 도시, 저출산 / 4. 폐교, 감소

091쪽 제한, 침해, 정보
093쪽 1. 제한 / 2. ×, ×, ○ / 3. 시청, 중독, 표현 / 4. 어린이, 스마트 기기, 정책

095쪽 신체, 식습관, 빅데이터
097쪽 1. 건강 / 2. ×, ○, ○ / 3. 거리, 비만 / 4. 팬데믹, 초등학생, 당뇨병

099쪽 배려심, 감동, 장면
101쪽 1. 배려심 / 2. ×, ×, ○ / 3. 운동회, 결승선 / 4. 친구, 결승선, 감동

103쪽 문화유산, 복원, 우수성
105쪽 1. 현판 / 2. ×, ○, × / 3. 우수성, 온고지신 / 4. 광화문, 한글

107쪽 공상, 독서, 작가
109쪽 1. 작가, 수상 / 2. ×, ○, ○ / 3. 최초, 우리글 / 4. 우리나라, 노벨문학상, 독서, 글쓰기

PART 2 매운맛 기사

115쪽 최저, 학력, 제도
117쪽 1. 최저 / 2. ○, ×, × / 3. 의욕 / 4. 학생, 학습, 경기력

119쪽 해충, 조작, 유전자
121쪽 1. 유전자 / 2. ○, ×, × / 3. 전염병, 돌연변이 / 4. 해충, 유전자, 돌연변이

123쪽 친환경, 홍보, 모순
125쪽 1. 친환경 / 2. ○, ○, × / 3. 친환경 / 4. 마케팅, 홍보, 그린워싱

127쪽 안전성, 사고, 주차장
129쪽 1. 전기차 / 2. ○, ×, × / 3. 배터리, 지하 / 4. 화재, 주차장, 안전성

131쪽 명화, 반달리즘, 시위
133쪽 1. 고흐, 수프 / 2. ×, ○, × / 3. 정부, 훼손 / 4. 해바라기, 기후

135쪽 탄핵, 선포, 비상사태
137쪽 1. 계엄 / 2. ×, ○, ○ / 3. 선포, 해제 / 4. 비상계엄, 해제, 충격

141쪽 의도, 기억, 유출
143쪽 1. 정보 / 2. ○, ○, × / 3. 유출, 저작권 / 4. 인공 지능, 기억, 정보

145쪽 배달, 포장, 수수료
147쪽 1. 주문 / 2. ○, ×, ○ / 3. 포장, 수수료 / 4. 배달, 포장, 수수료

149쪽 비만, 분류, 질병
151쪽 1. 비만 / 2. ×, ×, ○ / 3. 사망, 건강 / 4. 비만, 완화

153쪽 상영, 관객, 흥행
155쪽 1. 흥행 / 2. ○, ×, × / 3. 관객, 영화 / 4. 상영관, 독과점

157쪽 산업, 수출품, 관세
159쪽 1. 관세 / 2. ×, ×, ○ / 3. 관세, 경제 / 4. 미국, 캐나디안

161쪽 표기, 영문, 의미
163쪽 1. 한강 / 2. ○, ○, × / 3. 영문, 자연 / 4. 서울, 표기

167쪽 지하자원, 광물, 심해
169쪽 1. 심해 / 2. ×, ○, × / 3. 광물, 파괴 / 4. 풍부, 채굴, 부메랑

171쪽 생산, 노동자, 직거래
173쪽 1. 노동자 / 2. ○, ○, × / 3. 카카오, 임금 / 4. 그림자, 공정 무역

175쪽 환원, 공헌, 자질
177쪽 1. 선한 / 2. ×, ○, ○ / 3. 환원, 재산, 영향력 / 4. 노블레스, 지도층, 영향력

179쪽 영토, 기념, 주권
181쪽 1. 독도 / 2. ○, ×, ○ / 3. 영토, 분쟁 / 4. 국가 기념일, 사족

183쪽 휴전, 협상, 침공
185쪽 1. 전쟁 / 2. ×, ○, × / 3. 북한, 침공, 종전 / 4. 전쟁, 참전

187쪽 저수지, 대기, 엘니뇨
189쪽 1. 엘니뇨 / 2. ○, ×, ○ / 3. 비, 가뭄 / 4. 온난화, 가뭄, 피해

출처

알립니다.

- 책에 사용된 사진들은 <사진 출처>에 출처 표기를 하였습니다. 혹 부득이 저작권 확인을 받지 못한 사진은 추후 저작권이 확인되는 대로 적법한 절차에 따라 저작권료를 지불하겠습니다.
- 출처를 적지 않은 사진은 셔터스톡 사진이거나 직접 촬영한 것입니다.
- QR로 제공되는 자료들은 어린이들의 이해를 돕기 위해 제공되었으나, 제공사 정책상의 이유로 내용이 변동, 삭제, 비공개 처리될 수 있습니다.

사진 출처

020쪽 현수막 | ©아시아경제

024쪽 수레 끄는 사람 | ©셔터스톡 2p2play
수레 끄는 아이들 | ©안산커버스토리

028쪽 축구 경기장 | ©셔터스톡 Stock for you

036쪽 노키즈존 | ©셔터스톡 atomyang

046쪽 AI그림 | ©Jason m allen

048쪽 미국작가조합 | ©셔터스톡 Ringo Chiu

056쪽 호날두와 메시 | ©셔터스톡 ph.FAB

062쪽 무인점포 전경 | ©경남도민신문

068쪽 선풍기 기부 | ©동해시청

096쪽 마스크 낀 사람들 | ©셔터스톡 Evelyn Jung

098쪽 함께 달리는 친구들 | ©경기도뉴스포털
표창장 받는 친구들 | ©경기도뉴스포털

102쪽 광화문 | ©셔터스톡 yllyso
광화문 현판 | ©국가유산청

106쪽 한강 작가 | ©연합뉴스

108쪽 노벨상 메달 | ©셔터스톡 Mariangela Cruz

124쪽 환경표지 인증 마크 | ©e나라표준인증

130쪽 고흐 해바라기 | ©Just stop oil.org

132쪽 손흥민 | ©셔터스톡 MDI

134쪽 국회 앞 모습 | ©한경
윤석열 전 대통령 | ©제주MBC NEWS

136쪽 대통령 선거 벽보 | ©셔터스톡 yllyso

152쪽 영화관 | ©셔터스톡 yllyso

160쪽 여의도 전경 | ©셔터스톡 The Green foto

166쪽 심해 광물 | ©셔터스톡 Gallwis

172쪽 올림픽 | ©셔터스톡 Franck Legros

176쪽 유일한 박사 | ©나무위키
정주영 회장 | ©나무위키

178쪽 독도 | ©셔터스톡 Stock for you

182쪽 러·우 전쟁 지도 | ©셔터스톡 Rokas Tenys

191쪽 공정 무역 마크 | ©fairgeneration
공정 무역 바나나 | ©셔터스톡 Thinglass
공정 무역 수건 | ©셔터스톡 Baloncici

QR 자료 출처

024쪽 백미러에 찍힌 초등학생 4명 "너무 훈훈해"... 표창장 준 이유 | ©유튜브 @SBS 뉴스

028쪽 서울월드컵경기장, 잔디 긴급복구... 29일전까지 정상화 | ©유튜브 @연합뉴스TV

036쪽 '노키즈존' 조례까지 시행했지만... 찬반 시각차 여전 | ©유튜브 @KBS News

054쪽 "동물학대" vs "전통 보전"... 청도 소싸움 논란 | ©유튜브 @채널A News

062쪽 무인점포 털다 '털커덕'... 갇혀버린 절도범 | ©유튜브 @MBCNEWS

072쪽 난기류 만난 여객기 내부 영상..."이런 상황, 계속 늘고 있다" | ©유튜브 @SBS 뉴스

076쪽 이거 알아? 토일월 몰아서 쉬는 황금연휴! 요일제 공휴일?! 왜 그동안 안 했지? | ©유튜브 @지식교양이

080쪽 "비켜요!" 공원 점령한 러닝 크루... 칼 뺀 서울시 | ©유튜브 @YTN

084쪽 "학교가 사라진다"... 올해 초중고 49곳 폐교 '역대 최대' | ©유튜브 @KBS News

090쪽 내가 설마... 스마트폰 중독이라고? | ©유튜브 @행정안전부

114쪽 내가 학생이야 선수야? 학생선수잖아! 공부 못하면 대회 못 나가게 하는 법 실존 | ©유튜브 @휘알파

126쪽 아파트 지하주차장서 전기차 '활활'... 수십 명 대피 | ©유튜브 @SBS 뉴스

134쪽 [속보]윤석열 대통령 "국무회의 통해 계엄 해제할 것" | ©YTN

140쪽 '지브리 화풍' 7억개... 저작권·초상권 '위협' | ©유튜브 @MBCNEWS

160쪽 한강의 올바른 영문 표기법 'Hangang River' | ©유튜브 @KBS News

186쪽 엘리뇨, 라니냐 현상의 원인과 엘니뇨가 생기는 과정 | ©유튜브 @Today Story

초판 1쇄 발행 2026년 2월 20일

지은이 전기현 | **그린이** 무르무르

펴낸이 정규도 | **펴낸곳** (주) 다락원

편집장 최운선

편집 김지혜

디자인 스튜디오 수박

다락원

주소 경기도 파주시 문발로 211

내용문의 (02)736-2031 내선 272

구입문의 (02)736-2031 내선 250~252

Fax (02)732-2037

출판등록 1977년 9월 16일 제406-2008-000007호

ISBN 978-89-277-4830-4 73700